MW01443159

Copyright ©2024 Graziella Callado

Todos los derechos reservados

ISBN: 979-8-9905074-2-5

HISTORIA DE MI VIDA:

UN CHISTE DEL UNIVERSO

Parte II

GRAZIELLA CALLADO

SOLO APRENDES CON DOLOR

Ley de Murphy #12

"La luz al final del túnel es el faro de un tren que se aproxima."

PRÓLOGO	5-9
¿NO TE GUSTA LA SOPA? 3 CALDOS	10-13
LA DULCE Y NOSTÁLGICA ATMÓSFERA DEL TANGO	14-19
SÓLO LAS AGUAS TURBULENTAS CREAN GRANDES NAVEGANTES	20-21
LA PRUEBA DE FE	22-34
UN MENSAJE DEL MÁS ALLÁ	35-43
¿ES LA TPM EN REALIDAD MI PERSONALIDAD?	44-53
DE VUELTA A LA MÚSICA CLÁSICA DE UNA FORMA DIVERTIDA	54-57
DEL VENTOSO BUENOS AIRES AL BRUMOSO SAN FRANCISCO	58-66
SIEMPRE EN MODO *OVERDRIVE*	67-74
TODAS LAS PELÍCULAS ROMÁNTICAS SON CÓMICAS Y TODAS LAS COMEDIAS SON DRAMÁTICAS	75-82
EL DOLOR ES PARTE DEL PROCESO	83-87
NO HAY ASCENSOR PARA EL ÉXITO, TIENES QUE TOMAR LAS ESCALERAS	88-89
¿CUÁNDO ES SEXY EL SEXO?	90-95
BUSCANDO EL AMOR EN LOS LUGARES EQUIVOCADOS	96-100
ES GIBT KEIN ZURÜCK, (NO HAY VUELTA ATRÁS)	101-106
HOLA VECINA, ¿TE ACUERDAS DE MÍ?	107-111
CÓMO DECEPCIONAR A TU MADRE 3.0	112-115
DE HUÉSPED DE AIRBNB A CAOS COLATERAL	116-119
¿QUIÉN SOY YO PARA JUZGAR?	120-121
DE ESCALDRANTE MIAMI A BLANCANIEVES Y LAS SIETE PESADILLAS	122-131
DE ESCAPADA ROMÁNTICA A EUROPA A AVENTURA CAGADA	132-138
DÉMOSLE UNA OPORTUNIDAD AL AMOR *ONLINE*	139-149
CONCLUSIÓN	150-154

PRÓLOGO

"Una vez me dijeron que era un payaso. Y me lo creí".
Esa es mi biografía en mi página de comedia de Instagram @thatfunnyme
La vida me trató como a un payaso, así que decidí seguir su curso natural, porque es fácil para mí enredarme en drama, así que necesito contrarrestarlo con humor.
La vida te moldea tan *hijaeputamente*.
Aunque a veces mi humor no sea tan circense.
Sería bueno encontrar chistes en la miseria. Ayuda.
El humor hace que todo sea más fácil, incluidas las tragedias.
¿Es difícil poner humor en una tragedia? Sí. Pero seguro que lo hace mejor.
¿La vida es mejor cuando te ríes o cuando piensas demasiado y te estresas por todo?

En este segundo libro, hablaré sobre mis experiencias al crecer con mi modo TDAH, mi relación con la música, el sexo, cómo lidiar con la pérdida, la increíble historia de la supervivencia de mi madre, mis primeros ataques de pánico, mientras vivía en California (capítulo "Siempre en modo *overdrive*").

Hacia el final de este libro nos embarcaremos en una serie de "fracasos amorosos", todos basados en mis propias historias reales, algunas de las cuales son tan "surrealistas" que te

hacen pensar "Eso no puede ser posible", también la historia más vergonzosa que he experimentado, la *"Escapada romántica a Europa a aventura cagada"*.
Te voy a dar detalles jugosos de esa desgracia, para que todos podamos compartir el chiste con el grupo.

Pienso en la vida como este ejemplo también:

Vas manejando por una autopista, de noche, no ves más allá, solo lo suficiente donde iluminan tus faros o las luces altas. Entonces, necesitas hacer pipí, y la urgencia se hace más fuerte. No puedes ver nada más allá, y no hay señales de gasolineras o áreas de descanso.
Conduces tanto como puedes, tan rápido como puedes, tu vejiga está lista para entrar en modo fiesta de globos.
Todavía no hay nada a la vista. Tampoco hay salidas.
Obviamente, la próxima gasolinera está a solo 96 kilómetros, te acabas de dar cuenta de eso.
Busca algo de naturaleza, mi brother, no puedes aguantar más.
Nada mejor que una aventura "*al fresco*".
Cuando finalmente te detienes en el arcén, encuentras algunos árboles y arbustos.
Pero espera, justo detrás de ti hay un montón de casas con las luces encendidas, con todas las ventanas mirando hacia la calle... y tu culo.
Claro que gente en las casas, así que si tú puedes verlos, lo más probable es que ellos también puedan verte.

Miras a la izquierda, hay mucha luz de una vieja tienda, en el lado opuesto.

A la derecha, de repente, todos los autos, camiones y tráfico comienzan a llegar sin parar.

Algunos de ellos tocarán la bocina, felicitando a tu "*honky-tonky*" durante el intento desaguar.

Quizás te detuviste en una zona llena de caimanes como en Florida, o grandes osos en Tennessee. O insectos.

O extraterrestres. Comienza la alucinación.

Por un segundo piensas "Mi trasero terminará viral en las redes sociales, o mordido por un caimán, o arrestado por exhibir públicamente mi "*honky-tonky*".

Lo haces. Punto.

Así es la vida.

La vida te obliga a hacer ciertas cosas y ser de cierta manera.

Trata de hacerlo con humor.

"*Contra el ataque de risa, nada puede resistir*". -Mark Twain

Entonces, estoy escribiendo este libro para hacerte entender que no estás solo en el juego de "*ajedrez divertido*" del que todos somos parte.

Entonces, cuando nuestros profesores dicen:

"¿Por qué te ríes? Si el chiste es tan gracioso, mejor lo compartes con el grupo".

¡Voi là!
¡Estoy compartiendo mi chiste con ustedes!

Si te sientes como un chiste del universo, házmelo saber, ¡me encantaría saber de ti!

Envíame un correo electrónico a graziella@grazimusic.com

¡Sígueme en las redes sociales!
IG: @grazicall
Facebook Graziella Callado.

No hay nada como una buena conexión... ¡historias parecidas, buenas o vergonzosas!
También me encanta eso de mi trabajo.
La gente me contacta de todo el mundo, comentando las coberturas televisivas que he hecho, compartiendo su conexión personal con eso.
Me dicen que inspiré a toda una familia a hacer motocross o paracaidismo.
Recuerdan cosas que yo ni me acordaba.
¡Muy gratificante!

Nos gustaría una pareja respetuosa y generosa, ¡pero nos quedamos con el *changoleón-cucú*!

Nos gustan las cerezas, pero nos dan naranjas.
Pedimos sushi, pero nos trajeron chucrut.
Quería ganar dinero con la música, pero tenía que trabajar en otra cosa.
Ángulo viene de la palabra latina *"Angulus"* que significa esquina, torcido, curvado.
También, de raíces inglesas, significa "tobillo" o "*ank*" que significa curva o arco.
¿Lección? Cuando algo no te gusta, cambia el ángulo.
Porque te guste o no, la vida te dará un montón de cosas que no quieres, hasta que aprendas a lidiar con ello.

Murphy tenía razón con sus leyes, pero ¿qué tal "todo es relativo" como dijo Albert Einstein?
Cuanto más tarde llegamos, peor es el atasco.
Cuanto más enamorado estás de alguien, menos interesado está.
Cuanto más sexy te sientes y más listo para esa noche especial, es posible que tengas diarrea.
Apuesto a que nunca has oído hablar de esta categoría en atletismo, llamada "salto de *red flags*" (las banderas rojas).
¡Entrené… y me convertí en campeona durante años!
Mis amigos me preguntan:
"Pero Grazi, bueno, ahora si eres consciente de las banderas rojas, ¿cómo te las arreglas?"
Entonces respondo…
"¿Por qué crees que estoy sola?"

¿NO TE GUSTA LA SOPA? 3 CALDOS

Me encanta esta frase en español, como representa la vida misma...

"*Lo que resistes, persiste*", mismo significado.

"*Ironic*", la canción de Alanis Morrissette es lo que quiero expresar escribiendo esto.
Presta atención a la letra. Esa canción es eterna.
"*Diez mil cucharas cuando todo lo que necesitas es un cuchillo... Es conocer al hombre de mis sueños, luego conocer a su hermosa esposa*".
Ella es un genio.
Y una buena observadora de la vida.

La vida generalmente te da lo contrario de lo que quieres.
¿Te has dado cuenta?
Y la realidad es diferente a lo que vemos.
Nada suele ser lo que creemos que es.
Nunca saques conclusiones precipitadas.
Una de mis frases favoritas de Mark Twain es "*Primero, conoce los hechos. Luego, distorsiónalos como quieras*".

La paradoja de vivir.
Tendemos a crear historias en nuestro cerebro, rápidamente.
Y a veces terminamos creyéndolas.

El punto fuerte es el punto frágil. Piénsalo.
Veamos estas paradojas:
Los mejores comediantes de la historia son los más deprimidos.
Uno de los mayores deportistas de la historia brasileña, "*João do Pulo*", tuvo que amputarse una pierna.
Grandes cantantes de la historia tuvieron un problema o tumores en la garganta.
Una de mis mejores amigas no quería tener hijos.

Ella tomaba la píldora, su marido se cuidaba.

Ella se quedó embarazada.

De gemelas.

La lista continúa... La "ironía" viviente que somos los humanos.

Como ese día que te preparas bien linda(o), *pipi-cucú* para la fiesta, y se cancela debido al mal tiempo.
Siempre es ese chico que amas, que, bueno, resultó ser gay o casado.
No quieres tener hijos, te quedas embarazada.

Quieres tener hijos, no te quedas embarazada.
Ese único día libre, tienes una emergencia y tienes que llevar a un familiar enfermo al hospital.

Cambias de carril al que está atascado.

Una cita que escribí en una de mis canciones, *"Everything I loved I lost",* quiere decir "Todo lo que amé lo perdí" de mi canción "I Cannot Give Up" que describe con franqueza lo que sucedió en mi vida con mejores amigos, amor, objetos personales confiscados mientras me mudaba de un país a otro.
Dejar ir, *"Letting go"* es una gran lección para aprender.

Hace unos dos años, mi computadora de escritorio se estaba volviendo lenta y un "amigo" iba a cambiar las memorias RAM, y rompió mi *motherboard* y mi pantalla, y ni siquiera tuvo la decencia de disculparse o pagar una parte de los daños ni nada.
Alrededor de seis meses después de eso, mi disco externo, donde tenía la mayoría de mis archivos, documentos, imágenes, ensayos, poesía, canciones, se "quemó".
Perdí años y años de mi vida; archivos, documentos, imágenes, videos, episodios de TV (de mi trabajo) en ese HD externo.
Otro amigo me preguntó:
"Bueno, ¿tenías un HD de respaldo?".
"Sí, también se quemó".
Cuando edito en *Premiere Pro*, trato de guardar todo, porque resulta que simplemente se congela de la nada y pierdo secuencias y efectos o transiciones sin renderizar.

¡Es traumatizante!

Lo que no me gustó, la vida me dio el doble.

¿El jefe con cara de *bulldog* que no soportas?
¿El tráfico que odias? "¡Fúmatelo!"
Pensé que era más fuerte, pero no, me encogí, mientras enfrentaba adversidades, perdiendo algo de impulso.
Parece que mis metas son más difíciles de alcanzar.
Eso aplica a muchas áreas de mi vida, ESPECIALMENTE a la música y al amor.

¿Conoces esa sensación que tienes cuando ves que tu vida va al revés?
Estuve preparada toda mi vida para ser "exitosa".

Mis padres invirtieron tanto tiempo, energía y dinero en "hablar cinco idiomas, tener tres diplomas, tener medallas de honor en deportes, viajar por el mundo" ... pero, ¿adivina qué?

Mis diplomas o mi currículum NUNCA me llevaron a ninguna parte. Especialmente en un campo que funciona como "Muéstrame lo que tienes" o "¿Quién te recomendó?".

Llegué al mundo de los medios por mi actitud, mis mensajes detrás de los reportajes, mi investigación y mi esfuerzo.

LA DULCE Y NOSTÁLGICA ATMÓSFERA DEL TANGO

"Buenos Aires,
Tu melancolía está llena de arte, de historia, de música,
donde los recuerdos se quedan en el tiempo.

El tango es un bouquet de Rosas
Tan majestuoso, abundante, amoroso
Pero amarrado a la tristeza, a la soledad
A lo que hubiera sido
El amor sin correspondencia
El trueno sin sonido
El viento buscando la verdad
El tango busca el corazón
Y el corazón, su libertad" - *Graziella Callado.*

Tengo lindos recuerdos de Argentina.
Comparto la misma nostalgia y amor reflejados en su música.
La infinita belleza de los paisajes de la Patagonia, la historia y las costumbres, el acento, la forma de vivir.
También formó quién soy. Tomo mate casi todos los días.

En primer lugar, vayamos a un restaurante argentino para entender su estilo de vida.

Los *steaks*, la variedad de pastas, los diferentes estilos de papas, las verduras, los pasteles frescos, cómo se sirve el café, cómo se comparte la yerba mate en un ritual amistoso, etc.

El típico "jugo de naranja con banana" o "Terma con soda", y por la noche "Fernet con Coca".

En segundo lugar, escuchemos a los principales pioneros del Tango y la música popular de Argentina que crearon historia y su sonido único.
Me presentaron a un nuevo mundo de música.
Comenzando con el pilar de la historia musical argentina, con compositores clásicos como Ástor Piazzola, Carlos Gardel, Alberto Ginastera, Osvaldo Golijov, Alberto Williams, Carlos Guastavino, Juan Carlos Paz, entre otros.
Estos compositores clásicos crearon el puente entre el período postclásico y el folk argentino.
Luego, a medida que navegamos a través del tiempo con artistas contemporáneos como Mercedes Sosa, Gustavo Cerati, Fito Paez, Spinetta, Andrés Calamaro, Vicentico, Bersuit Vergarabat, Los Fabulosos Cadillacs, Charly García, etc., entonces comprendemos el resultado de una mezcla ecléctica de rock clásico, folk y pop.
Argentina es grande en rock clásico.
Tienen bandas increíbles y conciertos constantes.
Mis amigos siempre iban al Luna Park a ver a sus bandas nacionales e internacionales favoritas.
Gustavo Santaolalla. Un compositor increíble y sensible.

Compuso varias bandas sonoras para películas, así como temas para series de televisión.
Junto con Alejandro González Iñarritu, el reconocido director de cine y amigo personal, ganó premios Oscar por películas dirigidas por su amigo.

Cuando me mudé allí, todos los grupos contemporáneos inspirados en el tango comenzaron a mezclar el tango con la música electrónica. La nueva era del *Electro-Tango*.
La esencia muy clásica con algunos ritmos alegres.
¡Una idea genial!
Grupos como Gotan Project, Bajofondo Tango Club, Tanghetto, Otros Aires, Tanghetto, Luciano Superville (también del grupo Bajofondo), entre una infinidad de artistas que se fusionaron en esta nueva tendencia.

Después de instalarnos, comenzamos a integrarnos en diferentes clubes sociales para hacer nuevos amigos y participar en eventos y actividades.
Por lo general, cuando te mudas a un nuevo país, literalmente te sientes como un pez fuera del agua. Perdido. Es completamente normal.
Es muy importante encontrar un grupo con el que te identifiques y relacionarte con la gente.
Soy una abejita social, si no interactúo con la gente, muero...

Papá siempre nos llevaba a eventos en la Embajada de Alemania, o en la Cámara de Comercio Alemana de América Latina. Y mamá nos llevaba al Centro Cultural Italiano.
Mi papá me llamaba *"palhacinho"*, "der kleine Clown", (el pequeño payaso), porque soy buena entreteniendo a la gente en los eventos importantes.
Papá, como buen estratega, usaba mis habilidades sociales para entretener a las grandes figuras de la empresa, mientras él comía, bebía y estaba tranquilo, a salvo de las conversaciones intrascendentes, las *small talks* (conversaciones frívolas).
Al fin y al cabo, soy Leo.
Con que me presten atención y me aplaudan, soy feliz.

Una vez, ya viviendo en Buenos Aires, papá fue invitado al bautizo de un barco en São Paulo.
Fue genial.
Fue un viaje *padre-hija* de negocios y ocio, y la pasamos muy divertido.
Participando del evento, del tour en el gigantesco buque (capacidad para llevar casi 6.000 contenedores) fuimos a conferencias, de compras, a cenar, a bailar...
Además, en México, hicimos algunos viajes de trabajo a diferentes ciudades de la costa de México, y fue súper divertido. Fuimos a cenar a restaurantes, caminamos por el paseo marítimo después de los acontecimientos.
¡Incluso fuimos a discotecas!
Hicimos amigos en todas partes.

Papá siempre ha tenido un gran sentido del humor y sarcasmo.

De regreso a Buenos Aires, fue un buen capítulo, aunque estresante, en la vida laboral de papá.
Recuerdo que él compró una moto y se iba a trabajar con ella, su manera de lidiar con el estrés, además de que siempre le encantaron las *motorcross*.
Nuestros vecinos conocían al "*sportsman*" cuando salía o llegaba de casa.
Siempre fue un hombre de diversión y también de deporte.
Por cierto, éramos los mejores jugadores de ping-pong.

¡Y fuertes adversarios también!

Dos de sus peores enemigos siempre estaban organizando eventos. Todos los de la empresa estaban invitados, era un compromiso "políticamente correcto".
¡Traigan al "*palhacinho*", todo va a salir genial!

Así que "*el pequeño payaso*" estaba siempre se sentaba cerca de ellos, contando todos los chistes, rompiendo todo tipo de hielo, con los invitados y los magnates de la empresa. Sin querer, me convertí en un catalizador en medio de la agitación empresarial y la tensión interna.

Basándome en mi experiencia de estar cerca de la muerte, de lidiar con falsos amigos que me robaban y de tener que lidiar con enemigos, aprendí a usar más mis habilidades sociales.

De hecho, hasta hoy es difícil separar las relaciones personales de los talentos empresariales.

Algunas de las personas más talentosas e inteligentes que conozco hoy en día son unos completos HDP, sin embargo, si fuera necesario, los contrataría para trabajar conmigo (de hecho, lo he hecho).

No querrán hundir el barco en el que estarían, ¿o sí?

SOLO AGUAS TURBULENTAS HACEN GRANDES NAVEGANTES

"Dios da las batallas más duras a sus soldados más fuertes".

Tanto mi mamá como mi papá no tuvieron una infancia fácil, tuvieron padres difíciles y una educación dura.
Son, de lejos, las personas más fuertes que conozco.
Mamá, la prueba viviente de la fe, y papá, el guerrero perseverante y disciplinado.
Son increíblemente inteligentes, talentosos, fuertes, divertidos, viajeros del mundo, entusiastas de los deportes y la naturaleza.
Mamá estudió en el extranjero en Argentina, se graduó de Pedagogía, se especializó en administración escolar con una maestría en Filosofía y religiones comparadas.
Papá fue sargento en el ejército en Alemania.
Estudió Logística Internacional y Negocios en Alemania y Francia, luego se fue a Brasil.
Ambos hablan cinco idiomas, ambos tienen maestrías y son ciudadanos del mundo.
Son filósofos por naturaleza, ambos aman el rock clásico, el blues, el *soul* y literalmente piensan exactamente lo mismo al mismo tiempo, su comunicación y camaradería son increíbles.
Nunca había visto tanta afinidad con nadie, ni siquiera fuera de mi familia.

Mi madre tiene dos hermanas, Egle, una cocinera, diseñadora y decoradora muy talentosa, y Marcia, que sabía cómo ganar dinero rápido (que en paz descanse), y un hermano, el tío "Pedrinho", que amaba los autos, la música, los equipos de sonido y algo de producción de videos.
Él siempre era el camarógrafo.
Mamá siempre luchaba por la justicia y era la más atacada.
Se trataba de agresiones físicas y verbales de sus padres.
Papá también es un guerrero fuerte, tiene mucha fuerza de voluntad y disciplina.
Las hermanas de papá son muy inteligentes, hermosas y exitosas.
Stefanie es abogada y jueza de asuntos internacionales, y Anne es una arquitecta reconocida.

Mis padres son mejores amigos hasta el día de hoy, incluso estando separados, por mucho tiempo hasta que papi se fuera al cielo...

Sin embargo, la historia de mi madre necesita un libro completo.

Y una película.

No puedo expresar con palabras la cantidad de sufrimiento y violencia que tuvo que soportar.

LA PRUEBA DE FE

Mi madre nació en São Paulo, de padres inmigrantes, su madre italiana/austriaca, y de padre portugués que llegó en un barco desde Portugal (junto con sus hermanos).
Mi abuelo empezó a barrer un almacén a los 12 años, para ganar unos centavos.
No parecía que tuviera un futuro brillante debido a las condiciones de sus padres.
Sin embargo, a los 21 años, se convirtió en socio de una empresa de logística terrestre.
Llamada *Transportes Unidos*.
Se convirtió en millonario a los 30 años.

Mi abuela fue traumatizada desde temprana edad, su madre murió al nacer al dar la luz a su hermana menor, a la que adoro, mi tía abuela "Rosinha", debido a una mala praxis médica, una epidural mal aplicada.
Permítanme abrir un paréntesis importante aquí.
Mi tía abuela era mi "figura de abuela".
Siempre la amé. Rosa Weingrill Del Carlo.
Tiene exactamente el mismo nombre que su madre, mi bisabuela. La vi solo unas pocas veces cuando era niña, lo suficiente para guardar buenos recuerdos de su excelente comida y su sentido del humor.
Es divertida, talentosa, astuta y también muy dura.

Su madre vino de Graz, Estiria, Austria.
Se casó en Verona y luego emigró a Brasil.
La mayor parte de mi musicalidad proviene de mi bisabuela, del lado austríaco.
Mi madre toca maravillosamente, tan bien como lo hacía, según lo que escuchamos en la familia.
Según las fotos, mis manos, pies y altura son casi exactamente iguales a los de mi bisabuela.
Sin embargo, mi abuela no nació para ser madre.
Y supongo que nunca se curó de perder a su madre.
Hizo que todos "pagaran".

Mi madre fue maltratada desde que era un bebé.
Nació extremadamente pequeña.
Y sus padres lo rechazaron por no ser un "niño", porque se suponía que ella sería la líder de los futuros hermanos, ya que era la primogénita.

A la edad de 7 años, tuvo un caso grave de nefritis, ambos riñones casi dejaron de funcionar.
En la MTC (Medicina Tradicional China) los riñones se asocian con el miedo y/o la tristeza.
Hasta hoy sufre las consecuencias de eso.

A los 11 años sufrió un grave caso de hepatitis, vomitó mucha sangre y fue llevada a urgencias con su vida pendiendo de un hilo.
Su madre nunca le dijo "te amo" o "me importas".

Fue así hasta 3 años antes de su muerte, a los 94, no hace mucho tiempo, que finalmente pidió perdón y le dijo que la amaba.

En la medicina tradicional china, el hígado se asocia con la ira, el rencor, el comportamiento agresivo.
Observe cómo reacciona un individuo alcohólico o borracho, generalmente se vuelven agresivos, erráticos.
Eso es el hígado "hablando".

Además, en la medicina tradicional china, el hígado es el órgano que gobierna la salud de una mujer más que cualquier otro órgano.
Mamá, a sus 20 años casi muere en una explosión.
Estaba ayudando a su hermano a hacer una fogata para quemar algo de la madera y los escombros de la casa que estaban remodelando y limpiando.
Bajo las hojas y la madera ya había un fuego oculto, y ella agarró la botella de alcohol para encender el fuego, que ya estaba allí, pero no se veía.
El fuego debajo siguió el rastro de alcohol hasta el aire, se abrió camino hasta la botella y explotó en las manos de mi mamá, su vestido y todo estaba en llamas, rodó por el piso para apagar el fuego, pero se desmayó por el dolor y la quemadura.
La llevaron a urgencias, con el 50% del cuerpo quemado en segundo y tercer grado. De milagro sobrevivió.

No podía comer, ni ir al baño, le insertaron un catéter de morfina directo al corazón.

Su madre no tuvo piedad en el hospital, le "peinaba" el pelo, tirándolo fuerte, hasta que le dolía el cuero cabelludo.
Una persona que casi muere, que necesitaba atención, amor, esperanza, y lo único que recibió fue indiferencia y maltrato de su madre.

Gracias a Dios mi mamá fue asistida por una enfermera que era un ángel, y notó el odio y el rechazo, así que tomó el peine de la mano de mi abuela, y lo hizo ella misma.
Y muchas otras cosas, para evitar más sufrimiento.
La vida de mi mamá estuvo en manos de enfermeras compasivas que la trataron con el amor que nunca pudo tener de sus padres. Fue humillada toda su vida.
En el hospital, el médico les dijo a sus padres que tenía 2-3 meses para sobrevivir, su cuerpo no se recuperaría del gran daño interno. Así que, que estuvieran preparados.
Ella es una prueba viviente de fe.
Le hice una canción, se llama "*Mom*", y usé esa cita.

Ella era una niña con habilidades extraordinarias, era la mejor en la clase de ballet, gimnasia rítmica, siempre tocaba el piano, cantaba, dibujaba y pintaba hermosamente, sin embargo, nunca fue reconocida.

Mientras crecía, sus padres la pusieron en un internado.
Todos los padres visitaban a sus hijos y muchas veces ella ni veía el rostro de su padre o madre.
Increíbles cicatrices de odio, violencia y abandono quedaron marcadas en su corazón.
Su primera arritmia cardíaca ocurrió a los 15 años, en el internado, con un patrón extra sistólico.

Había veces que su madre la golpeaba con barras de metal y castigaba a sus hijos de una manera vergonzosa.
Dios la tenga en Su Gloria.

Hasta hoy, mi madre sufre esa falta de amor y las marcas traumáticas de la violencia.
Incluso perdonando a sus padres y tratando de sanarse a sí misma, pasó su vida tratando de entender por qué… y llenar el vacío eterno.

Siempre se disculpaba con sus padres (no sé por qué).
Cuando vivíamos en el extranjero, mi abuela había pasado por una cirugía y mi madre quería visitarla, por si acaso, para ver a su mamá, nunca sabíamos en qué condición estaría, su madre dijo: "Por favor, NO vengas, no es un buen momento".
La hermana menor de mi madre, la tía Marcia, falleció en 2010.
Dejando a su esposo, tío Semir, y a su bebé de cinco años, Erick, sin mamá y esposa.

Fue una sorpresa para la familia. Nadie sabía realmente la gravedad de la enfermedad. Ella decayó bastante rápido. Yo estaba en Los Ángeles, recogiendo unos diplomas.

Nos enteramos de que había fallecido cuando estábamos en Los Ángeles y necesitábamos tomar un vuelo a São Paulo lo antes posible.
Tomamos un vuelo nocturno desde LAX a GRU.

Cuando llegamos a la iglesia, sentí una enorme burbuja de mala energía de mi abuela hacia mi mamá y hacia mí por defecto. Según ellos "nunca estuvimos ahí" … (El conejito hablando de zanahorias, nunca se preocupó por nosotros).

¿Cómo un funeral se convirtió en una plataforma de discordia?

Las cosas pasaron de "Cómo una persona tan joven pudo morir así, qué tragedia" a "Rosa María nunca está, ¿cómo es que está aquí ahora?".

¿Qué importancia tenía eso ahora? Siempre vivimos en el extranjero, pero antes de eso, no recuerdo que mi abuela se preocupara por nosotros en absoluto.
Éramos nosotros los que nunca recibíamos una carta de "Feliz cumpleaños" o "Feliz Navidad" …
¿De repente les importó?
¿Solo cuando salimos del país?

No puedo decir que mi abuela no tenía cualidades, tal vez sí las tenía.
Ella servía a mi abuelo, a la casa, y era una excelente cocinera.
Una experta culinaria exquisita, especialmente italiana.
La hermana menor de mi mamá tenía un trato muy diferente al de mi mamá, además, mi mamá ayudó a criarla.
Ella definitivamente era la persona más querida de mi abuela.
Lamentablemente, mi tía falleció antes que nadie.
Ella estaba luchando contra el cáncer.
Mi abuelo tenía muy mal carácter, era violento y si tenía que pegarle a alguno de sus hijos, delante de sus empleados o de cualquier persona, lo hacía.
Su comportamiento lo fomentaba mi abuela, a ella le encantaba ver cómo se incendiaba el circo, pues se hacía la víctima. Era amante de los conflictos.
Mi abuelo también era bueno con los animales, tenía una colección de 3.000 aves de todo el mundo, llevaba licencias especiales para tenerlas.
Tenía pumas, venados, monos exóticos, ponis.
Era un ornitólogo famoso localmente.
El reconocido Pedro Callado.

A pesar de todo, yo le gustaba mucho, a pesar de todos los conflictos familiares, le encantaba la conexión conmigo, el más joven de los primos (antes de que llegara Erick).
Tenía algunos lapsos de amabilidad, amor y bromas.

Era muy brillante.

Pero colérico.

Murió muy joven a los 69 años.

Tenía cirrosis medicamentosa debido a la cantidad de cirugías a las que se sometió, como consecuencia de un cáncer en el estómago.

Pero antes de morir, le pidió perdón a mi madre por todo el dolor que tuvo que soportar.

Tenía un corazón generoso con las demás personas, también tuvo algunos lapsos de bondad con mis familiares.

Debido a los conflictos familiares, crecí sin ver a mis primos, de ambos lados.

Fue muy doloroso, muchas veces mientras crecía, decían que me visitarían, pero no lo hacían.

Solo los vi en algunas ocasiones, luego me mudé al extranjero.

Compuse una canción llamada "Once I had a dream", que un amigo Danner Fagundo produjo y mi otro amigo Christian Van grabó las guitarras, está en YouTube y en todas las plataformas digitales, refleja el amor que tengo por estos buenos recuerdos de la infancia.

En esa canción hablo de lo hermosa que fue mi infancia, esos pocos momentos junto a mis primos, amigos, cómo la fantasía y los juegos son importantes para el desarrollo de uno. Cómo los momentos mágicos de la infancia pueden influir en tu vida de manera positiva.

Mi madre trató de dar lo mejor, en tiempos difíciles, especialmente en lo económico.

Ese video tiene imágenes originales de mí y mi familia, y reunidas en esa experiencia tan significativa, que incluso si fueron solo unos pocos momentos, los apreciaré por siempre.

Amo a mis primos. Priscilla, Rodrigo, Elise, Gisele, Gustavo y el más pequeño, después de mí Erick.

También tengo recuerdos muy vívidos de la prima de mi mamá, Rosana, y de su hijo Felipe.

Tengo recuerdos entrañables de mis dos primas de Alemania, Christina y Larissa, a quienes amo con todo mi corazón.

Pasamos los momentos más divertidos haciendo movimientos de gimnasia, actuando, viajando.

Atesoro esos momentos preciosos.

Ojalá las hubiera podido ver más a menudo.

Ambas tienen talento musical, son inteligentes, hermosas y también son ciudadanas del mundo.

Una vez estaba viendo un documental que explicaba que cuando tratamos de volver a un momento feliz de nuestro pasado, especialmente de la infancia, activamos algo en nuestro cerebro que crea más sinapsis cerebrales, liberando también neurotransmisores que nos hacen sentir mejor.

Una experiencia muy grata que "desencadenó" un recuerdo de la infancia es cuando tenía juegos por la tarde y prácticas de natación en mi escuela Objetivo, y teníamos un entrenador de educación física llamado Robson, lo amábamos muchísimo.
Era divertido, sarcástico, arrojaba a todos a la piscina y se burlaba de nosotros. Estaba enamorada de él.
Tenía unos 8 años.
Nos divertimos mucho.
También jugamos "Queimada", una competencia de *Dodgeball*.
Recuerdo lo agresivos que nos pusimos al jugarlo.
¡Yo también era peligrosa!

El olor del elastano, de los bikinis, cuando abría el cajón de los bañadores era como abrir un cofre del tesoro, era un mundo de diversión que se desplegaba ante mí.
Cuando teníamos prácticas de piscina por la tarde en el colegio, era super divertido.
Sabía que me lo iba a pasar genial con mis compañeros y nuestro entrenador.
Teníamos clases de natación, handball, volley y otras artes por la tarde durante la semana.
A mí me gustaban las piscinas, veía alguna, en las casas de las amigas de mi madre, y me tiraba en ellas.
A veces era vergonzoso para mi madre.

Una de las mejores experiencias de la infancia fue cuando fui a una excursión con el mismo grupo de compañeros de clase al "Sítio do Carroção", organizado por nuestra escuela Objetivo.

Era un rancho y parque temático.

Nos quedamos allí todo el fin de semana.

Tenían la trilla de "Indiana Jones", el desafío del "Puente Colgante", "Búsqueda del tesoro" donde íbamos a buscar piedras de oro cerca de las cascadas y más tarde en el arroyo del río. "Carrera de barro", "Juegos Olímpicos", fogatas y proyecciones de películas por la noche.

Tenían una piscina enorme con olas, tumbonas, juegos acuáticos.

El área de la piscina tenía la temática de "Oasis".

Muchos árboles de dátiles altos.

Las chicas dormían en una residencia diferente a la de los chicos. Muchas literas.

Y cuando todos dormían, yo y Cecilia, mi inseparable amiga de la infancia (que también es Leo), nos reíamos a carcajadas, hacíamos como si roncáramos súper fuerte y seguíamos "durmiendo". Uno de los mejores días de mi vida. Ya sabes, esa sensación con tu mejor amiga, no puedes contener la risa, eso pasó. Nos reímos aún más fuerte.

Tuvieron que llamar a la supervisora y separarnos, como siempre.

Esos momentos memorables compensaron la tristeza causada por los conflictos familiares y la separación.

También tuve una amiga mitad japonesa mitad italiana, Mabel, que también se convirtió en productora y cineasta. Solíamos crear muchos "comerciales" mientras jugábamos en la piscina y ahora ambos trabajamos en la televisión y la radio.

Tuvimos un par de años difíciles en mi infancia.
Papá necesitaba viajar mucho debido al trabajo, también fui a la escuela pública durante un par de años, mi madre me llevaba a la escuela en bicicleta en ese momento.
Fueron épocas muy difíciles y solitarias.

Creo que tuve una oportunidad de compartir una Navidad con la mayoría de mi familia, incluidos mis abuelos, la "mejor de todas".
Después de eso, odié la Navidad durante años... especialmente viviendo en el extranjero y eso...

Las épocas navideñas después de que nos fuimos de Brasil, eran simples, en cualquier país en el que viviéramos, íbamos a la costa o algo así, mamá preparaba una cena improvisada en el hotel, bebíamos un poco de vino y nos dormíamos antes de la medianoche.
Lo mismo con la víspera de Año Nuevo.
Cada uno hacía lo suyo.
Íbamos a la misa de Navidad, porque mi mamá es muy católica y siempre nos llevaba a una, buscábamos una iglesia

dondequiera que estuviéramos, así que íbamos a misa y luego regresábamos al hotel.

No hace mucho, me volví a enamorar de la Navidad.
Incluyendo la conexión religiosa.
Gracias a un trabajo temporal en Macys, que tenía un decorado como Navidad, olía increíble, la música, el ambiente y las familias felices me hicieron feliz por ellos.
No me sentí más sola y comencé a amar a Papá Noel nuevamente.

¿UN MENSAJE DEL MÁS ALLÁ?

"¿Verlo para creerlo o creerlo para verlo?"

Al ver a mi madre como un ejemplo de sobrevivencia, aprendí sobre la fuerza de la fe.
Soy más fuerte gracias a todas las experiencias que aprendí de ella, más lo que soporté cuando era niña.
La vida me entrenó para enfrentar la pérdida.
Como a mi mamá.
El dolor definitivamente hace eso.

Cuando murió mi abuelo, el patrimonio familiar, que era su mansión con terrenos, también su empresa de transporte que se encaminaba a la quiebra.
Además, nos enteramos de algunos problemas de evasión de impuestos, que llevaron a más y más deudas.
Esa propiedad significaba mucho para mí. Ahora se vendió y se convirtió en un edificio comercial no hace mucho tiempo.
No quiero verla… quiero mantener mis sueños intactos.

Yo era la "valiente" de los primos y me atreví a hacer cosas que ellos no podían. Tirarme por las escaleras en la oscuridad, entrar en los viveros en la oscuridad y otras cosas que les daban miedo, primero me probaron a mí, luego se echaban.

Yo era su conejillo de indias, pero nunca era un problema para mí.

Sabíamos que la propiedad de mis abuelos estaba un poco embrujada.
Siempre fui una niña diferente, veía cosas, percibía cosas que otros normalmente no percibirían.
Experimentamos muchas actividades paranormales.
Ser un canal abierto también era motivo de burla, pero lo seguí de cerca y analicé si había algún mensaje allí.
Aproximadamente 48 horas antes de que mi abuelo muriera, lo vi. Vino a mí para entregarme un mensaje.
No tenía idea de que estaba en una UCI en un hospital.
Vivían en otra ciudad.
Déjame ser específica. Me visitó en espíritu, no estaba en Granja Vianna, donde yo vivía, estaba en Vinhedo.
Pero estaba allí conmigo para enmendar las cosas.
En ese momento, estaba en un hospital en Vinhedo, cerca de mi otra querida tía, tía Egle.
Mis padres y yo no teníamos idea de que estaba en muy mal estado en la unidad de cuidados intensivos...
Solo nos dijeron cuando murió.

Estábamos viviendo en la "casa/patrimonio", para evitar que nos embargaran por la deuda pendiente que tenía con la compañía hipotecaria.

La energía paranormal estaba por toda esa casa, allí se reflejaba el conflicto y el caos sobre el que se había construido esta familia.

Entonces, se me apareció, lo olí, lo vi, vino a su sala de televisión favorita en la planta baja, donde veía las noticias.

Él emergió de entre las cortinas, vi claramente su rostro, me dijo lo mucho que me amaba, se disculpó por el dolor que me causó y desapareció.
Inmediatamente después, fui con mi madre, le conté lo que vi y comencé a tener una fiebre de 41 grados.
Fuimos al médico, no había gripe, ni virus estomacal, ni ninguna otra razón por la que me enfermara, ni siquiera tenía flemas ni nada.
Fue una fiebre repentina.

48 horas después, murió.

Antes de morir, tal vez tres años antes de su muerte, también se disculpó con mi madre, nuevamente por todo el dolor que le causó, por el odio y la agresión, y le dijo que también la amaba. Pero no hablaron mucho después de eso.
Nunca lo volvimos a ver antes de morir.

Vivimos en el patrimonio durante un par de años antes de mudarnos a México.

Era una mansión bellamente diseñada, con ventanas de diseño italiano, estanques de peces koi y dos piedras gigantes en la entrada principal.
Tenía una bajada que conducía al área de la piscina y la parrilla.

Recuerdo que cuando teníamos reuniones familiares, mis primos y yo agarrábamos cajas de cartón y las usábamos como toboganes, y hacíamos surf sobre el césped mientras hacíamos competencias.
Era súper gracioso la cantidad de tropezones y volteretas que dábamos, y el pasto siempre nos daba picazón.

Tenía una piscina semi-olímpica, perreras, viveros, pajareras, árboles frutales, cafetos, un sinfín de pájaros y animales exóticos. También tenía una gran casa de huéspedes, encima del garaje para seis autos.
Mi abuelo también tenía acuarios/peceras para peces exóticos.

Algunos años de mi infancia recuerdo que éramos tan pobres, que teníamos que calcular cómo dividir los gastos y el poco dinero que teníamos entre papas, cebollas, zanahorias que podíamos comprar (no podíamos permitirnos refrescos) medio tanque del auto que usaba mi papá, que era el de la empresa.
Todo eso mientras recibíamos amenazas de los hipotecarios, que muchas veces invadían la propiedad de noche.

A papá lo habían traicionado con unos negocios en la empresa, y eso afectó todas sus finanzas.
Mi mamá horneaba pasteles y los vendía en el barrio, yo era muy chiquita, yo me quedaba dormida en el fregadero, sentadita allí, mientras miraba a mi mamá haciendo los pasteles.

No podíamos permitirnos un sistema de alarma.
O casi nada.
Pero la casa tenía una sirena conectada a la terraza de la suite principal, así que activábamos ese interruptor cuando se presentaba la amenaza.
Ese aparato despertaba a todo el vecindario.
Pudimos asustar a algunos idiotas que trepaban por nuestras paredes por la noche.

Mi abuelo dejó un perro, un mastín napolitano para cuidar la casa, pobre perro, estuvo prácticamente abandonado durante casi dos años, mi madre lo visitaba y lo alimentaba.
Lo adoptamos, vivía en la propiedad con nosotros.
Su nombre era Nero.
Era un excelente perro guardián.

Además, mi abuelo no dejó testamento ni nada a su esposa ni a sus hijos.

La mayor parte de su atención estaba en la empresa y su excéntrica colección de animales y plantas de todo el mundo. Dejó la empresa en quiebra y mi tío estaba "a cargo", pero no se podía hacer mucho.

Mi abuela era vecina de mi tía/tío en Vinhedo.

Mi tía Egle se dedicó mucho a cuidar de mi abuela después de todo lo que había pasado y, durante muchos años, soportó su demencia y sus episodios maníacos.

Mi tía pasó por el infierno para cuidar de mi abuela hasta sus últimos días.

Mi abuela falleció en 2021.
Un año antes de su muerte, mi tía nos llamó por FaceTime y, como resultado de una epifanía lúcida, mi abuela se acordó de mi madre y, aunque estaba tuerta por una cirugía por mala praxis, participó en la conversación.

Miró fijamente a la cámara del celular y le dijo a mi madre:
"Lo siento hija, perdóname por todo lo que te he hecho, te amo".
Mi madre, asombrada, solo respondió:
"Gracias madre por todo, perdóname, yo también te amo y gracias".

Mi abuela olvidó los nombres de todos, los roles en la familia, se desvaneció...

El amor, la compasión y la redención solo se expresaron al final de su vida hacia la hija a la que maltrató durante la mayor parte de ella.

Sin embargo, mamá se sintió aliviada. Al menos un poco.

Imaginen vivir con el corazón roto, violencia, abandono, casi morir tres veces, la lista continúa... luego un momento de redención.

Nunca es demasiado tarde para decir *"lo siento, te amo, perdóname"*.

Las palabras tienen mucho poder.

Mamá todavía sufre de arritmia cardíaca y complicaciones renales hasta el día de hoy, y ha sido llevada 6 veces a urgencias debido a la gravedad de las crisis.

Creo que cada enfermedad, dolencia o problema físico, definitivamente comienza con nuestras mentes, nuestras almas. Comienza con emociones negativas.

El cuerpo es el último en mostrar la falta de armonía.

Mamá tuvo buenos momentos en la vida, especialmente cuando conoció a mi padre, viajaron mucho.

Ella nos agradece a mí y a papá por hacer que su vida valiera la pena. Fuimos sus momentos más destacados.

Pero me dice hasta el día de hoy que tiene un vacío en su corazón, que nunca desaparecerá.

Si yo fuera ella, probablemente me habría suicidado hace mucho tiempo.
Ni siquiera estoy mencionando los "intermedios".
Pero su vida no ha sido fácil, y ella es la madre más entregada, ayuda a todos. Siempre trató de transformar su caos en amor, y donación, a veces un poco excesiva. Comprometida con la caridad, eventos de la iglesia, donaciones, ayudar a los demás, participar en grupos de la iglesia, clases de catecismo, animales rescatados toda su vida. Ayuda a cada persona necesitada, cada perro, gato callejero, pato, pájaro.
Ella es la encantadora de los animales.

También ha sido puesta a prueba por la vida en México y Argentina, con el secuestro y las amenazas, el robo a mano armada a punta de pistola entre situaciones muy desafiantes. Definitivamente es un soldado fuerte, arrastra con problemas de salud como resultado de su pasado tormentoso.

Pero definitivamente es un ejemplo de cómo transformar el odio en amor y la basura en algo grande.
Ella es una alquimista. Y también cocina increíble.
Nadie es perfecto, ella tiene un carácter fuerte, bueno con todo, ¿qué esperabas?
Pero ella siempre ha intentado darme lo mejor que ha podido.

Para colmo, se quedó embarazada justo antes de que nos mudáramos a México.

Y perdió al bebé al final del primer trimestre...
Mis padres estaban muy emocionados. Todos lo estábamos.
Yo tendría un hermanito de 24 años...
Habría sido bonito, pero el destino no lo permitió.
En aquel entonces, teníamos siete hombres revisando nuestras cosas en nuestra casa en Brasil, era muy estresante, mientras que mi padre tenía algunas reuniones en el extranjero, y era demasiado para manejar, mientras preparábamos la mudanza para México, y su cuerpo estaba bajo mucho estrés.

Creo que arrastramos algunos de los traumas de nuestros padres, y la programación mental.
Heredamos inconscientemente algunos de sus miedos y si no los trabajamos, los procesamos, terminamos cayendo en el mismo abismo.
"*Los niños aprenden lo que viven*".
A veces siento una soledad que no es la mía, un miedo y una ansiedad que surgen de la nada, creo que puede ser una "emoción heredada" ...
¿Quién sabe?

¿ES LA TPM EN REALIDAD MI PERSONALIDAD?

"Yo no elegí la vida VAG, la vida VAG me eligió a mí". - Desconocido.

He sufrido altibajos hormonales la mayor parte de mi vida.
Si te fijas, las mujeres pasan la mayor parte de su vida pasando por un desequilibrio hormonal, depresión, ansiedad, y ni siquiera es culpa suya.
Tener nuestros períodos cada 28 días, no una vez cada seis meses, o cada tanto.
¡Es cada 28 días! Durante toda la vida fértil.
Los períodos vienen con cambios químicos, hormonales y emocionales.
Nuestros cuerpos entran en modo alerta, no importa si eres un campeón en la categoría de físico, estarás de mal humor, porque el cuerpo necesita almacenar grasa.
Además, hace poco vi a una nutricionista que decía que las mujeres que mostraban *six-pack* generalmente tienden a tener un porcentaje muy bajo de grasa corporal, lo que eventualmente conduce a un desequilibrio hormonal, además de irritación y ansiedad.

Dijo que tener cierta cantidad de grasa también regula las hormonas.
Es saludable para las mujeres almacenar grasa alrededor de los órganos y un poco en el vientre.

Dios mío. ¡Qué alivio! *Jaja.*

Desde nuestra primera menstruación, quizás a los 10 u 11 años en promedio, hasta digamos a finales de los 40 o 50 años, sufrimos una inestabilidad increíble y perdemos sangre, la fuente de la vida y la paz mental, nuestra estabilidad emocional.

Tengo mi propia historia personal (que se hizo pública) con la menstruación, la gente veía que me llevaban cargando desde la escuela secundaria hasta la ambulancia, me ponían analgésicos intramusculares e inyecciones antihistamínicas, para que dejara de parecer una loca que gritaba o vomitaba por el dolor y estuviera totalmente pálida.
Toda la escuela se enteraba.

Pero no solo la menstruación en sí, sino lo que la rodea, el síndrome premenstrual.
Para quienes no lo saben, el síndrome premenstrual (TPM) es el período anterior a la menstruación en el que el cuerpo sufre un conjunto de síntomas como cambios de humor, senos sensibles, antojos, fatiga, irritabilidad y depresión.

Cada 28 días, cuando estás estable, en forma, bien, entonces… ¡SORPRESA! (te carga el payaso nuevamente). Te empiezan a doler los senos, tu cuerpo retiene agua, tus órganos actúan un poco diferente, estás rara, lloras, agresiva, emocional.

Así es, si no estás ovulando, lo cual también es un poco doloroso, entonces tienes síndrome premenstrual.
Es curioso que mencione la ovulación, siento cuando mi ovario izquierdo o derecho lanza el óvulo cada mes. Generalmente es el izquierdo. Siento un dolor en el ovario.

Lo que es curioso es que, cuando fui por primera vez a que me revisaran, fue en la Ciudad de México, donde crecí, y el médico, después de la ecografía y los exámenes transvaginales, me preguntaron que si podían quedarse con una copia y ponerla en la pared para exhibirla y para las estudiantes.
El asistente del médico dijo que mi "matriz" era perfectamente simétrica.

¡Ay caray, mano! ¿Escuchaste eso? ¡Mi matriz es linda!

Además, ese mismo ginecólogo le dijo a mi mamá que un par de pólipos en mis ovarios eran normales, estaban hechos de agua y desaparecerían cuando comenzara a tener relaciones sexuales.

¿Te imaginas la cara de mi madre?
PMS en inglés, que debería significar *Pain in My S* (Dolor en el trasero en inglés).
Y realmente es un dolor de cabeza, pero depende de nosotras cómo lo afrontemos.

Tal vez el 80% de las mujeres en todo el mundo sufren síntomas y calambres menstruales.
Además, las compresas pegajosas o los tampones invasivos y llenos de químicos, y todo el drama.
¿Qué pasa con las mujeres que sangran durante 10 días al mes?
¡Chicas, siento pena por ustedes!
Al menos yo solo lo tengo durante 3 días o 4 como máximo (ahora, por lo menos).
Sé que algunas amigas ni siquiera saben que tienen la regla hasta que lo ven en su ropa interior.
Una bendición. ¿Sin dolor? ¡Qué bueno!
Pero mi vida ha estado marcada por los cambios hormonales y, sobre todo, por mi NEGACIÓN de tener que pasar por esta mierda todos los meses.

¡Y además la falta de concentración!
Cuando tengo síndrome premenstrual, tengo aún más TDAH, mi mente está por todas partes.
Como mencioné antes, cuando aceptas las cosas, fluyen mejor.
Y *"lo que resistes, persiste"*.
VIVÍ EN NEGACIÓN.
Nunca acepté este dolor enorme y esta mierda, así que fue peor.
Pasé la mayor parte de mi vida sufriendo emocional y físicamente debido al síndrome premenstrual, y por ende mi personalidad fue moldeada por él.

Muchos *coaches* dicen que tus emociones se convierten en un hábito y, por lo tanto, se convierten en tu personalidad.
¡Oh, mierda!
Es difícil de decir, pero lo admito.
Como el borracho que le echa la culpa al alcohol, ¿verdad?
"Lo siento, estaba borracho, estaba hablando de tequila".
Lo mismo podría aplicarse a esta montaña rusa hormonal:
"Lo siento si soy una psicópata, le echo la culpa al síndrome premenstrual".

Pero yo no elegí ser así.
¿Somos los creadores de todo?
¿Pero estaba yo creando mi propio dolor?
¿Mi propio desequilibrio? ¿A ustedes también les pasa?
Y ustedes, hombres, ¿saben cuando sus chicas están pasando por algún cambio?

Paren un momento. Piénsenlo.

Soy inestable, lo admito.
Pero la naturaleza me ha formado así.
Intento comer sano y hacer ejercicio para poder equilibrar mi vulnerabilidad natural.
En un momento estoy feliz y eufórica, y de repente estoy deprimida y llorando.
Por cierto, lloro por todo.
Naturalmente soy una persona sensible.

Lloro cuando veo a una persona sin hogar, o a un perro o gato callejero.
O cuando mi madre pasa por sus frecuentes crisis.
Lloro cuando extraño a mi padre.
Lloro por gentileza, por un acto de bondad de alguien.
Lloro cuando compongo música, lloro de gratitud, por ser un instrumento de Dios y dejar que me use para crear música.
Ah, y los *goosebumps*, la piel erizada. Bastante.
En cuanto algo me llega al fondo, hasta los pelos se me ponen de punta.
Soy agresiva, pero cuando la gente me saca de quicio o cuando hay injusticias.
Lucho por lo que es justo.

Dependiendo de la situación, puedo ser una persona completamente diferente, por eso trato de evitar las confrontaciones.
Porque me conozco.
Soy un caramelo hasta que me vuelvo un limón.
Soy pequeña, así que también me pongo muy agresiva.

Sin embargo, ser naturalmente sensible, más los cambios hormonales, es la combinación perfecta para un desastre de tren andante.
¿Sabes qué siempre me ayudó? Deportes. Ejercicio. Actividades.

Intento hacer ejercicio, andar en bicicleta, HIIT, correr, nadar cuando tengo la oportunidad, así que realmente ayuda a equilibrar todo, tener mis neurotransmisores al día, la ansiedad a raya y la salud en general.

Antes de mudarme a Miami, tenía una amiga que tenía un DIU (dispositivo intrauterino) insertado, para no tener períodos. El pequeño DIU alemán flexible de silicona *Mirena*. (No estoy patrocinada, solo me gustó el producto).
Muchas mujeres se adhirieron a onda *Mirena*.
Dura 5 años y ayuda a disminuir los períodos revirtiéndolos a casi ninguno.
Me subí al vagón del DIU porque necesitaba una fase sin períodos, un milagro quizá.
¿Cómo es la vida sin cambios de humor y sin estabilidad física?
Cuando trabajaba allí, fui a ver a mi ginecóloga en el noreste de Brasil.
Por lo general, necesitan anestesia porque es un proceso doloroso.

Solo tomé las pastillas sublinguales que me recomendó ella.
Debería haberme puesto la anestesia.

Estaba sonando "El Bolero de Ravel".
Fue un momento sarcástico, yo con las piernas abiertas, en este aire acondicionado súper frío en la clínica, sintiéndome como si me estuvieran arrancando desde adentro.

Crecí escuchando esa canción, me encantaba.
Como en una película cuando el auto choca y cae de un acantilado bajo la lluvia, en cámara lenta, y suena algo clásico y hermoso de fondo.

Luego, cuando me mudé a Miami y quise quitarlo, ya habían pasado 3 años y todavía tenía mis períodos, todavía dolorosos.
Busqué un buen ginecólogo, solo para quitarlo.
Entonces, encontré a este médico, el Dr. Weissberg, tenía una buena *vibe* por él.
Un señor mayor extremadamente amigable, hablador, inteligente y agradable.
Vi muchas fotos de Gloria Estefan en las paredes y algunos trofeos.

Entré en la habitación, me desnudé por completo para que pudiera revisar mis pechos y mi vientre también.
Le expliqué que necesitaba que me quitaran el DIU, que no tenía novio (no lo necesitaría para el anticonceptivo) y que todavía tenía mis períodos.
Él estaba coqueto. Allí estaba yo, de nuevo, con las piernas abiertas, completamente desnuda, a punto de sentir un dolor descojonante, y él dijo:
"Eres tan bonita, si no estuviera casado, ¡definitivamente saldría contigo!"
Ay bendito… sus asistentes femeninas y yo nos reíamos.

Sería incómodo, pero era un señor mayor y lindo, que estaba siendo gracioso.

"Doctor, ¿podemos hablar cuando no esté desnuda y mis piernas no estén abiertas?"

Todos se rieron.

"¿Lista?"

"Sí, doctor, adelante".

Me quitó el DIU, sentí que mi alma se salía del cuerpo, como cuando voy a depilarme las partes *chiquichurris*.

Es una locura cómo las mujeres pasan por tanto dolor, solo para ser mujeres. Cabello, uñas, depilación, afeitado, decoloración del cabello, ejercicio, procedimientos.

Como ir a la depiladora, con las piernas y el trasero abiertos, tratando de entablar una conversación sobre viajes o el desayuno mientras estás "ranita style".

Te arrancan la chucha, la rosquilla y las ganas de vivir.

"Oye, ¿me devuelves ml rosquilla?"

De todos modos, durante la extracción del DIU, sentí una sensación de ardor en las piernas y, por supuesto, en el útero.

Luego, el médico terminó el procedimiento, me hizo un par de pruebas más y terminó.

"¿Ves todas estas obras de arte?"

"Sí, doctor, ¿eres fan?"

"Soy el ginecólogo de Gloria Estefan.

Y mucho antes de que se casara y se convirtiera en Estefan. Aparezco en muchos de sus videos y soy muy amigo de toda su familia".

También me recomendó un producto de succión que ayudaba a que los senos crecieran naturalmente.
Fue interesante, pero nunca lo compré.
Porque en ese momento estaba pensando en hacerme un aumento de senos.

Me dijo que no me lo hiciera, que solo usara la máquina de succión natural.

DE VUELTA A LA MÚSICA CLÁSICA DE UNA FORMA DIVERTIDA

"¿Cómo se convence al caballo de seguir adelante? Con una zanahoria".

Después de integrarnos en Buenos Aires, nos unimos al CCI, Centro Culturale Italiano de Buenos Aires, y nos convertimos en parte del coro.
Nos dijeron que éramos sopranos, mamá como Soprano Lírico y yo como Soprano Leggero, y yo era la solista del coro.
¡Ay carajo! Tuve que leer música de nuevo.
Recuerdo que los ensayos eran increíblemente divertidos y largos, cuando teníamos el grupo masculino y femenino juntos.
Tuve entrenamiento vocal con Leonardo Sanjuan, una de las personas más increíbles que he conocido en mi vida.
Uno de nuestros amigos más cercanos también.
Él fue la zanahoria que arrastró al caballo. Yo.

¿Cómo alguien podría hacerme cambiar de opinión sobre leer música y volver a la música clásica?

El señor Leonardo, ¡el director de orquesta más divertido que verás en tu vida!

Fue capaz de acercarme a ella sin traumatizarme.
¿Cómo? Con la comedia, mi punto débil.
¡Mi mayor atracción!
Si quieres coquetear conmigo...
Tráeme comedia y buen sentido del humor. ¡Es sexy!
Él fue nuestro director de orquesta, increíblemente divertido, compositor, pianista, vocalista y un gran amigo.
Gracias a su divertido *approach* a la música, volví, me sumergí sin ningún bloqueo mental y sin la presión que tenía antes, estaba leyendo, estudiando, pero con un amigo increíble que me hizo ver la música clásica desde otro ángulo.

Por la misma época, mi papá, mi mamá y yo decidimos crear una nueva banda y empezar a ensayar.
La banda se llamaba "The Grace Band", así me llamaban todos en Argentina.
De hecho, hasta hoy la gente me llama Grazi o Grace, excepto en México que me dicen "Chela".

Decidimos tener una banda familiar.
Mi papá estaba en la guitarra y coros, mi mamá en el piano y la voz, teníamos un bajista increíble, Cuki, un baterista talentoso y versátil de Brasil, Milton, luego yo en el piano y la voz, y dirigiendo al equipo.

Probablemente fueron los momentos familiares más divertidos, también con viajar juntos, claro.

Ensayábamos tres veces por semana a veces.
Cada ensayo estaba repleto de diversión, ricas bebidas y deliciosos snacks preparados por mamá.
Convertimos el garaje en un estudio de música y pasábamos horas armando mis canciones y otros tributos.

Nos presentábamos en pubs y clubes locales y en el *Centro Culturale Italiano*.
Recuerdo que siempre me peleaba con papá porque su guitarra y la batería siempre eran más fuertes que mi voz y yo nunca me escuchaba. Incluso con los retornos.

Solo se escuchaban la guitarra y la batería. Como siempre.
Como niños peleando.
Un show inolvidable fue en el CCI, interpretamos un par de canciones de género country.
Todos estaban vestidos de cowboys.
Llenamos el lugar, ¡fue increíble!
Además, al final del espectáculo, esa noche, mi papá hizo un *solo* y se colgó un collar de luces LED de Bob Esponja alrededor del cuello, fue divertidísimo.

En el coro, también tuvimos una rica experiencia.
Éramos un grupo grande y era difícil coordinarnos.
Pero recuerdo que todos trajeron café/té y algunos pasteles para el *break*. Los ensayos siempre eran por la noche y estaba súper cerca de nuestra casa.
Como solista, yo estaba obligada a estudiar.

Pero el sentido del humor de Leo me lo hizo fácil.
Hacíamos mucho *brainstorming* juntos. Compusimos juntos.
Además de todos sus papeles y cualidades musicales, también era un gran crítico musical.
Interpreté la canción góspel *"He never failed me yet"* en solo con el coro, una canción extraordinaria y única, que encajaba perfectamente con mi rango vocal...
Fue el punto culminante de mi interpretación musical.
Ojalá hubiera tomado un video o lo hubiera grabado en algún lugar.
Fueron 3 años gloriosos actuando en iglesias, eventos y otros lugares.
Por supuesto, fueron más ensayos que presentación.
Como todo en la vida, ¿no?
Interpretamos piezas clásicas y románticas de época: Puccini, Pergolesi, Verdi, Mozart, Liszt, Vivaldi, así como algunas canciones contemporáneas.
Fue una referencia increíble y un logro personal para mí como músico.

DE VENTOSO BUENOS AIRES AL BRUMOSO SAN FRANCISCO

"Los objetos en movimiento tienden a permanecer en movimiento".
-Primera ley de la productividad de Newton.

Crecer mudándome de país en país me animó a seguir viajando.
A los ojos del director de carrera, yo tenía problemas de disciplina, a los ojos de Grazi, todo era diversión, entretenimiento, y los estudios para después...
Y, para su desgracia, me eligieron como la "mejor compañera" del año, debido a mis habilidades "académicas".
¿Se imaginan? La traviesa estrafalaria...
Todavía me río de eso.
El caballo indomable fue elegido como ejemplo.
No mucho después de que eso ocurriera, el mismo director de carrera me sugirió que me fuera a otro país a terminar mi último semestre de la carrera (qué conveniente).
Él quería deshacerse de mí, pero bueno, ¡me encantó la idea! ¡Me sirve!

Así que, ese mismo día, en la cena, hablé con mamá y papá sobre eso.

Recuerdo que en ese momento estaba estudiando chino/mandarín, así que quería ir a Beijing y terminar mi carrera allí, allí tenían una gran Universidad de Cine.
Pero mi padre me dijo que no le gustaba la idea, que no me apoyaría, esa decisión y ese idioma.
Necesitaba elegir otro lugar.

Fui de nuevo a la oficina del director y hablé con él, y me dijo que uno de los mejores programas de Cinematografía y Radiodifusión sería en San Francisco, en la Universidad Estatal de San Francisco, *San Francisco State University*.
Tuve que hacer el curso y el examen TOEFL.
Envié mis transcripciones y me aceptaron.
¡Allá vamos otra vez!

Empaqué mis objetos de valor, algo de ropa, la computadora portátil y solo un par de días antes de volar a San Francisco, era mi cumpleaños y tuve un coma alcohólico.
Imagínense que tenía veintitantos y ya estaba pasando por una crisis de la mediana edad.
Siempre fui dura conmigo misma... bueno, sobre todo... preguntas como "¿A dónde voy?, ¿qué he hecho?, ¿dónde está el amor de mi vida?
¿Por qué las cosas no me han funcionado todavía?"
Estaba pasando el rato con una de mis mejores amigas, Mónica, y su novio Andrés, y un grupo de amigos cercanos de la universidad.

El manager del club era un buen amigo mío, era uno de los clubes más grandes de Buenos Aires, era hermoso, la decoración era increíble. Luces por todos lados.

La primera ronda fue un desagradable trago de coco, luego otra ronda de tequila, luego cervezas, luego más tragos.
Sí, fui bien pendeja, mezclé todo.
Fue mi primer coma alcohólico.
Desde el club hasta la casa de mi amigo, vomité por la ventana del auto de mi amigo.
Seguí vomitando cuando llegamos allí.
¡Cara en el *toilet*, linda!
Llegué, ella me ayudó a ducharme y me acostó en la cama.
Su perro, un labrador negro, llamado Goo, saltó a la cama y me ayudó a curarme de un posible colapso hepático.
Este perrito me salvó.

Dos días después, allí estaba yo, volando.

Cuando llegué a San Francisco, me enamoré de la diversidad, la belleza, la ciudad cultural, llena de gente local e internacional, y muchas producciones cinematográficas.
Pero no fue fácil para nosotros los mortales, entrar en una industria tan competitiva, sin ningún contacto o *"couch casting"*, tenías que conocer a alguien de alto calibre.
Me instalé en una residencia y luego me mudé a un *townhouse* con otros compañeros de habitación justo al otro lado de la universidad (¡todavía muy caro!).

San Francisco huele a café, bagels, frescura y cultura.
Fue otro nivel de euforia, pero también de estrés.
Los estudiantes internacionales estaban obligados a trabajar dos horas semanales en el servicio de "educación" de la escuela, además de las clases regulares.
También comencé mi primera pasantía en CBS 5 KPIX.
Además de los dos trabajos y las clases en la escuela.

Tenía una clase llamada "animación clásica" que requería 120 dibujos todos los martes, ¡y era terrible! Conocí a tantos animadores talentosos que todavía hoy trabajan en el campo, y me quito el sombrero...
Paul fue mi maestro, y fue muy paciente, divertido y excelente profe. Seguimos siendo amigos hasta el día de hoy, él y su esposa vinieron a visitarme a Miami.

Kiona era una amiga cercana mía y siempre acertaba.
Una de las notas más altas en la clase de animación.
Ella es una pequeña colombiana, niña de cabello negro, piel blanca, pintora/artista increíble, definitivamente vivía en una realidad paralela, y es por eso que nos llevábamos bien, y ella siempre se reía de mis chistes estúpidos, y sin parar.
Ella tuvo una historia muy traumática y trágica en su familia, pero reunió esperanza en Dios, el arte y siguió adelante.
Trabaja con caridad hasta el día de hoy.

Fuimos a muchos talleres y eventos en San Francisco.
Tenía un coche muy chulo al que yo llamaba "Panchito".

Teníamos tantas tareas que a veces nos quedábamos hasta las 10:00 p. m. en el aula o en otra sala hasta que las terminábamos, o hasta que el conserje nos echaba.
Kiona y yo compartíamos un sándwich *footlong* y una gaseosa y pasábamos horas intentando averiguar el progreso de nuestras creaciones y terminar las tareas.

Luego, hicimos un proyecto juntas, donde ella pintaba todos los días, como si fuera una película en *stop motion*, y yo añadía la música como banda sonora.
Fue una experiencia maravillosa.

Tenía otro amigo que se dedicaba al cine, Massimo, en la clase de Producción y financiación de películas, con Steven Ujlaki, un reconocido productor de HBO.
Nuestro profesor tenía un increíble sentido del humor, y su clase fue probablemente la más difícil.

Mi amigo produjo una película durante más de un año, y me llamó para componer la banda sonora.
Fue una experiencia compleja.
Tuve que revisar 120 páginas de script, elegir las escenas y desarrollar la música que mejor se adaptaba a los momentos dramáticos. Pero fue increíble.

La clase era enteramente sobre producción y financiación, los términos profesionales y cómo el productor se haría cargo de cada aspecto de una película, en cuanto a salarios, horarios

de rodaje, localizaciones, permisos y licencias, contabilidad, cómo lidiar con las crisis de los actores, cómo gestionar todo el presupuesto de la película, etcétera... (los aspectos que no me gustan de la producción, aunque tuve que convertirme en productora).
Tenía dos muy buenos amigos, Joamel y Menlo, ambos de ascendencia filipina.
La producción no era lo mío, así que también saqué malas notas en esa clase. Recuperé fuerzas sólo al final.
Pero fue difícil... especialmente las matemáticas y la contabilidad, el presupuesto...

En momentos de profunda ansiedad y ataques de pánico, iba al edificio de Artes Creativas, donde tenían salas de ensayo separadas, con un piano vertical Yamaha en cada una.
Era el paraíso para mí. Tocaba durante horas.
Tan pronto como entrabas al edificio, veías a algunos estudiantes vestidos de payasos, o con vestuario de la época romántica, algunos trajes divertidos, escenografías moviéndose de un lado a otro... mientras caminabas por los pasillos, escuchabas las cuerdas de violonchelos, violines, violas pasar... Luego caminabas un poco, veías a un clarinetista muy disciplinado devaneando en sus ensayos...
Era hermoso, teatral, circense, y me sentía en casa.
El departamento de artes creativas de la SFSU organizó una tarde de artistas para actuar en el teatro principal de la escuela.

Toqué tres de mis piezas en el escenario, hablé de mi historia como músico y animé a otros estudiantes con el mismo sueño.
Fue un momento muy especial.

Hoy en día ni siquiera tengo una banda, ni un set completo ensayado, pero quiero volver a la música *full time*.
Desearía volver a tocar en un escenario de teatro con un piano de cola y miembros de la orquesta, dirigida por mi amigo y virtuoso argentino Leonardo Sanjuan.
He soñado con eso.

Mientras caminaba por ese pasillo mágico de teatro musical, siempre escuchaba a otros estudiantes ensayando piano en diferentes salas, diferentes canciones, melodías, en un caos que tenía perfecto sentido...
Era una avalancha de acordes, sonidos, timbres, pero todo sonaba al unísono.
A veces escuchaba a un cantante también, ese aire tenía tanto talento. Espero que todos hayan logrado su objetivo o estén haciendo algo en su campo de estudio.

Mi primer jefe es, hasta hoy, un querido amigo.
Karl Norberg, una de las personas más creativas, divertidas y sarcásticas que conozco, y su mejor amigo Liam Mayclem, presentador y rostro de "Eye on The Bay" de CBS 5, un presentador de radio y televisión sensible, inteligente y humilde, son personas que llevo en mi corazón.

En esa época trabajé tres veces en la estación, también tuve asignaciones y reuniones en NBC, ABC o Telemundo, con agencias de publicidad, fue una inmersión interesante en el mundo de los medios.

Vi este piano de tres cuartos de cola en el pasillo antes de dirigirme a los escritorios de los productores... miraba ese piano todos los días.

Estaba cubierto, pero el magnetismo era una locura.

¿Cómo puedo olvidar esta vez, cuando en mi hora de almuerzo, abrí lentamente el piano, comencé a tocar muy suavemente para no molestar a los otros productores, y de repente, vi algunas cabezas emergiendo de la esquina de esa pared, todos los productores de la estación preguntando "¿quién diablos es eso? ¿Música en vivo"?

Aplaudieron.

¡Mis cinco minutos de fama!

Me felicitaron y luego regresaron a sus escritorios.

Me dijeron que Ray Charles había tocado ese mismo piano.

¡Fue tan divertido y mágico!

Poco después de eso, simplemente toqué un poco más y lentamente cerré la tapa.

Veías pasar a muchas celebridades, dando entrevistas, era emocionante. Yo era la asistente de producción/pasante que grababa las cintas, ayudaba a corregir los guiones, me comunicaba con las agencias de publicidad y contestaba el teléfono. En ese entonces, Lena Sullivan era la jefa.

La adoraba.

También trabajaba a tiempo parcial en un restaurante y tenía una cantidad increíble de tareas y trabajos.

SIEMPRE EN MODO OVERDRIVE

Ley de Murphy #5:
"La otra fila siempre avanza más rápido".

Vivir en el extranjero, trabajar en dos empleos y estudiar fue una experiencia bastante interesante para esta chica alegre, creativa y desorganizada que soñaba con que todo le saliera bien en la vida.

No me di cuenta de que también estaba engordando... Estaba comiendo demasiado.
Las hamburguesas de In-and-Out y la comida china fresca eran mis favoritas en ese entonces...
La ansiedad hace eso... Nunca sabes cuándo comes porque tienes hambre o simplemente es ansiedad, el vacío es similar.

Un día, los estudiantes internacionales estaban organizando la feria internacional en el campus. Todos teníamos que participar. Era un día soleado y ventoso.
Recuerdo que hice dominaditas de fútbol con los chicos daneses en su *stand* y tuve mi primer ataque de pánico.
Mi corazón estaba súper acelerado, comencé a hiperventilar. De repente, se me cayó el balón de fútbol, me desmayé en el suelo y me llevaron a la sala de emergencias del campus.

Mis niveles de oxígeno estaban bajos... espera, ¿qué?
¡Estaba jugando al fútbol, vaya!
Pero entendí que el estrés y la ansiedad inconsciente juegan una mala pasada en nuestras mentes.
Cada "gran cambio o movimiento" en mi vida ha pasado factura a mi cuerpo, como la obesidad repentina o la ansiedad, y esta vez, ataques de pánico e hiperventilación.
Me conectaron al oxígeno por la nariz y me hicieron un análisis de sangre, entre otras cosas.
Me hicieron pruebas de electrocardiograma.
Fue un proceso rápido, pero no había signos ni arritmia.
Me hicieron una serie de preguntas y no me preocupé, pero comencé a cuestionarme...
¿qué pasaría si descubrían algo y me iba a morir?
Cuando experimentamos incertidumbre, surgen todo tipo de sugerencias mentales.
Mi corazón latía muy rápido. Aún así, pasó una hora desde que me dieron un medicamento para calmar mi pulso y mi ansiedad.

Josh, una de las personas más inteligentes que conozco, es uno de mis amigos más cercanos hasta el día de hoy.
Hacíamos todo juntos, cualquier cosa que surgiera en la ciudad.
San Francisco ofrecía muchas actividades de todo tipo y siempre había algo que hacer.

Se le ocurrían las ideas más inusuales, pero siempre interesantes.

Bibliotecas, eventos públicos, festivales de música (especialmente jazz), viajábamos en tren a cualquier parte y se nos ocurría algo divertido para hacer.

Es ese tipo de amigo que está dispuesto a hacer lo que se le ocurra.

Un día me llevó a un restaurante genial llamado John's Grill, donde se filmó la película "El Halcón Maltés", y el halcón de la película todavía está allí, intacto, justo en la entrada.

Una experiencia muy envolvente, especialmente para nosotros, los cineastas.

Una vez fuimos a uno de los hoteles más importantes e históricos del centro para ver los resultados de las elecciones.

No tenía ni idea de política, pero el ambiente de fiesta, los cócteles y la gente eran fantásticos.

Recuerdo que una vez fuimos a un club de lectura, fue divertidísimo.

No leímos el libro, pero estábamos allí, como idiotas…

Mientras conteníamos la risa, casi muriendo.

El personal de la universidad organizó muchas actividades, búsqueda del tesoro, noche de fogatas, paseos en el centro, *Bay to Breakers*, festival del Renacimiento, solo por nombrar algunas.

Conocí a los amigos más naturales y sensatos en el festival del Renacimiento. Personas auténticas con la misma visión del mundo, vestidas de ángeles, con corséts, como princesas o hadas, etc.
Definitivamente me llevó a otra dimensión.
Empecé a hacer hula-hula con dos chicas desconocidas, que parecían dos mariposas preciosas, llenas de amor, diversión y brillo, con las que me hice amiga y que después me regalaron dos hula-hula hecho en casa.

En la escuela hice amistad con gente de todo el mundo.
En especial de Europa.
Fue una experiencia muy enriquecedora.
Después visité a la mayoría de ellas en sus respectivos países: Suecia, Holanda, Noruega, Bélgica, Suiza.

Tenía un amigo chino llamado Gaopeng Sun, al que le estoy eternamente agradecida, una persona que tradujo con respeto y devoción una de mis canciones al chino.
Trabajamos en mi composición original llamada *"Where Are the Signs",* que después llamamos *"Xun Hao"* (en chino significa "Señales").
Mi amigo pasó dos días sin parar repasando la estructura y la fonética, para que todo sonara parecido, tuviera sentido y encajara en la cadencia de la poesía. Sólo con té verde.
Recuerdo que le llevaba más y más para llenar su taza.
Fue a la Academia de Cine de Beijing (Beijing Film Academy), a la que yo quería ir inicialmente.

El idioma chino me ayudó a entender mucho sobre su cultura milenaria, su tradición y su respeto.

Mi profesora particular era de Taiwán y me enseñó mucho sobre los trazos, las raíces del idioma y el significado de cada símbolo. Ya había estudiado chino mandarín en Buenos Aires, antes de ir a San Francisco.

Seis meses en San Francisco no fueron suficientes.

Quizás algún día regrese.

El clima inestable, las casas victorianas, Lombard Street, Fisherman's Wharf, el centro, el puente Golden Gate, North Beach, el olor de las antiguas casas de madera y los cafés, la posibilidad de ir a cualquier lado sin usar un auto.

Chinatown, Park Presidio, Golden Gate Park, los jardines japoneses, las aguas heladas de North Beach, Bakers Beach... extraño todo.

El costo de vida extremadamente caro también...

(eso no voy a extrañar).

Fui a Los Ángeles, llamada por los locales la *"Granola City"*, *"full of fruits, flakes, and nuts"*, llena de frutas (fresas), copos (gente falsa) y nueces (locos).

Así la llamaban los residentes locales.

De hecho, ahora que vivo en Miami, creo que es más aplicable aquí.

Fui a Los Ángeles para un curso acelerado de grado asociado y el Hollywood Film Institute.

Fue en Melrose Studios, justo frente a los estudios Paramount.
Estar allí es como estar tan cerca y tan lejos de mis sueños.
Estuve en el mismo lugar donde se graduaron Quentin Tarantino, Will Smith, Spike Lee, Tommy Lee, Queen Latifah.
Normalmente veías a las celebridades saliendo a tomar café o bagels. Era su casa.
Las clases eran largas, fastidiosas y me sentía perdida.
Quería acercarme más al cine, lo que más amaba.
Quería involucrarme más.
Estaba obsesionada con F.R.I.E.N.D.S., la serie de televisión que me ayudó a recuperarme de mi cirugía de cinco horas, 3 microcirugías y el proceso postoperatorio.
Visité su set, en uno de los tours de Warner Brothers.
El cine es mi campo favorito en mi carrera, dirigir es muy gratificante. Es lo mío.
Pero siempre quise actuar. Es algo que casi no he hecho.
Tengo que hacerlo antes de morir.

Me encantaron nuestras "Noches Internacionales" en SFSU.
Organizamos algunos eventos.
Tuve una química perfecta con los estudiantes holandeses.
En mi mente pensé:
"Es un hombre holandés con quien me quiero casar algún día".

La noche que fui al Aeropuerto Internacional de San Francisco para volver a Buenos Aires, pasaron muchas cosas. Perdí todas mis conexiones de vuelos.

Me cobraron de más por el equipaje extra, me dijeron que estaba en la fila equivocada cuando estaba en la fila correcta para hacer el *check-in*, me dijeron que me hiciera a un lado y me subiera a la otra fila, y luego volvía a la fila en la que estaba en primer lugar. No me dejaron entrar con mis dos hula-hula o mi cojín que se iluminaba y decía *"My way or the highway"*. Perdí todos mis vuelos.

Era Nochebuena, tenía el gorro de Papá Noel y abracé el espíritu navideño. Perdí mi teléfono celular y tuve que enviar un mensaje al Facebook de mi mamá y al correo electrónico de mi papá para avisarles que no podría ir para Navidad, ya que inicialmente habría aterrizado allí por la tarde. Estaba *freakeada*.

Tuve que decirles "Hola papis, perdí todos los vuelos".

Conocí a un chico genial, de Texas, me habló de sus viajes y me calmó los nervios.

A veces necesitamos a alguien amable que nos diga que todo va a estar bien.

Estaba en la lista de *stand-by* de 3 vuelos.

La tercera es la vencida *(third time is a charm)*.

En ese vuelo pude entrar.

Mi plan de vuelo inicial era:

San Francisco →Miami →Sao Paulo →Buenos Aires (para donde volví para terminar la universidad).

Después de la tercera lista de *stand-by*, tomé un vuelo a Dallas, Fort Worth.

Luego al día siguiente Miami, luego a São Paulo, luego una parada en Río de Janeiro, luego Buenos Aires.

Un reverendo despelote.

Me dije a mí misma que nunca volvería a hacer estas 2 cosas:

NUNCA TOMARÉ UN VUELO DE CONEXIÓN.
NUNCA RESERVARÉ UNA HABITACIÓN COMPARTIDA.

(Tuve una experiencia terrible con la habitación, verás mi capítulo de Oslo en el libro III).

Dicen:
"No escupas hacia arriba, porque podría caerte en la cara".

A menos que esté en una situación crítica y tenga que hacerlo, de lo contrario, nunca.

¿Pasará?

TODAS LAS PELÍCULAS ROMÁNTICAS SON CÓMICAS Y TODAS LAS COMEDIAS SON DRAMÁTICAS

"Si pones a tus ex amantes en fila…
puedes ver el diagrama de flujo de tu enfermedad mental".
-Divertido meme online.

Estoy 100% de acuerdo.
No son ELLOS, somos NOSOTROS los que permitimos que los cucús entren en nuestras vidas, debido a nuestra mierda subconsciente, buscando agua en un desierto.
No obteniendo lo que queremos, creamos un ciclo de eventos tóxicos.
¿No somos los arquitectos de nuestras vidas?
La vida amorosa incluida.
Tenemos que dejar de victimizarnos "*este chico era malo, esa chica estaba loca*" porque NOSOTROS atrajimos a las personas equivocadas y PERMITIMOS que sucedieran cosas, abrimos nuestros corazones, almas, cuerpos, para que tomaran lo que quisieran.

Si permitimos que sucedan cosas en nuestras vidas amorosas, es porque somos los NOSOTROS los payasos.
¿No somos los chistes del universo?

SIGAMOS CON EL CIRCO.

Si lo piensas, eres TÚ quien tiene el poder de poner fin a las relaciones abusivas, o a las personas que no te corresponden, no te respetan o no están al mismo nivel de respeto, ética y trato en general.
No importa cuán complejo pueda ser el *"plan de salida"*, tendrás que ser creativo y salir con elegancia.
Y estar listo para dar algunas "explicaciones". Tú serás el "culpable".
Sal de tu cajita mental por un segundo.
¿No crees que eres responsable?
¿Por qué aguantaste tanto y por tanto tiempo en una relación lunática que creías "que podías salvar"?

Pero como pasaste por alto las SEÑALES DE ALARMA, los *RED FLAGS*, bueno, aquí estás nuevamente.
¿Cuántas relaciones te llevaron a comprender tu valor básico, ni siquiera tu potencial increíble de la persona gloriosa que eres?

Una pregunta sencilla para poner las cosas en perspectiva:
"Si fueras multimillonario, ¿seguirías con la misma persona con la que estás ahora?"

Las SEÑALES DE ALARMA existen por una razón.
Para decirnos que SOMOS IDIOTAS.

Tratando de despertarnos de la "idolatría" o las "proyecciones".
Somos buenos proyectando algo que no existe, cerramos círculos que en realidad están abiertos, nuestro cerebro es fantástico, pero cuando se trata de relaciones "delirantes", tenemos que ser conscientes.
No podemos atribuir cualidades a una pila de basura.

"*Pathos*" en griego significa 'sufrimiento', 'emoción' o 'pasión'.
"*Logos*" entre otras cosas, significa principio, lógica, de ahí la palabra "lógica", ciencia que estudia algo, fíjense en palabras como "Ideo-LOGÍA", "Astro-LOGÍA", "Ana-LOGÍA", "Endocrino-LOGÍA" "logos" se centra en un tema en particular.
"Patología" es el principio del sufrimiento, la "razón" del sufrimiento.
Estar en una "relación patológica" es estar en un lugar de sufrimiento, emociones y problemas.
Supongo que el patrón que repetimos proviene de nuestra capa más profunda de la mente, nuestra mente subconsciente.
Si fuéramos conscientes, tomaríamos medidas para evitar el sufrimiento.
¿No es eso lo que hacemos en la vida de todos modos?
¿Evitar el dolor y el sufrimiento?

LAS SEÑALES DE ALARMA SON UN REGALO.
Nos dicen "¡Desvíense!"

Nos informan de que algo no está alineado con nosotros, algo no está bien.

Sigue esa intuición.

¿Cómo confirmar que la persona o la situación no es para ti?

Aquí está mi técnica "casera":

Utilizo el "3", la trinidad, el número mágico, para corroborar.
En un Demo de música, normalmente grabamos tres canciones.
La iglesia católica utiliza el Padre, el Hijo y el Espíritu Santo.
Hay una razón por la que decimos "La tercera es la vencida" *(third time is a charm).*
Tres es un número de transformaciones, confirmación, equilibrio.

Pi, el "decimal infinito" comienza con 3.141592 y así sucesivamente.
La "Regla de los Tres Tercios" de Da Vinci o la "Proporción Áurea", o *"Golden Ratio"* en inglés, (que en realidad es la mitad del número Pi, siendo 1.16 y así sucesivamente), ilustró la Divina Proporción con el Hombre de Vitruvio, (donde las tres longitudes simbolizan también la Santísima Trinidad).

El tres es el "método para contar" de la secuencia de Fibonacci (cada número de la secuencia es la suma de los dos números que lo preceden, que se encuentra en las matemáticas y sobre todo en la naturaleza).

¿Has oído hablar de la Geometría Sagrada?
Por cierto, la secuencia de Fibonacci explica la proporción perfecta que se encuentra en todo, basándose en la naturaleza, como los caracoles, las hojas, los árboles, las flores y nuestro ADN.
Los círculos infinitos y las vidrieras de las catedrales son exactamente como nuestra secuencia de ADN, pero vistos desde arriba.

Pi→Proporción áurea→Secuencia de Fibonacci→Geometría sagrada

TODO ESTÁ CONECTADO.

Nikola Tesla dijo que los números 3, 6 y 9 son mágicos y son la clave para entender los principios de la vida.
El 3 son tres partes divididas en partes iguales, el seis son dos conjuntos de 3, divididos en partes iguales, y el 9 es 3 veces dividido en partes iguales.
En términos de proporción, división y multiplicación.
Son infinitos y mágicos.
El Budismo Zen es una filosofía triple: tiene el taoísmo, el confucianismo y el budismo original.

Dentro del budismo tienen 3 elementos:
El Buda (el iluminado), el Dharma (la enseñanza o el camino) y La Sangha (la comunidad).
Perdón, me fui por las ramas, volvamos al mágico número 3.
Entonces, me permito ver TRES banderas rojas, solo para confirmar que necesito salir de lo que sea en lo que me metí.
Ahora bien, si permito MÁS de tres, entonces soy la pendeja.

Ok, quiero ser clara:
No es culpa nuestra que tus relaciones pasadas hayan sido un fracaso, o que ese chico o chica haya sido una RATA DE DOS PATAS, pero sí es tu decisión haber atraído a esa persona en primer lugar.
Como todo en la vida.
Manifestamos cosas según nuestras vibraciones, no según nuestros deseos.
Tenemos que acabar con el problema de raíz.
¿Quizás mirando hacia dentro?

Es NUESTRA DECISIÓN.
Tenemos que QUERER, pero también debemos VIBRAR en cierta frecuencia para lograr lo que queremos.
De eso hablé en el primer libro.
Pero tenemos que lanzarnos al fuego para hacer cambios en todo.
Eso es incómodo y desconocido. Pero es necesario.

Conociendo nuestro valor, y procesando lo que nos ha hecho daño en el pasado, sanando traumas anteriores, para no arrastrar el mismo dolor y proyectarlo a la siguiente persona. Es un proceso interno diario.
Y es complicado. Pero no imposible.

Si lo piensas, la raíz del problema comienza en tu falta de autoestima, problemas emocionales no resueltos o traumas. Cuando estamos rotos por dentro, hasta que no arreglemos el jarrón, no podremos sostener ninguna planta o agua en él. El ciclo se repetirá.

Como esa técnica japonesa llamada Kintsugi, "Kin" significa dorado y "tsugi" reparación.
Kintsugi es el proceso de reparar, restaurar piezas de cerámica o porcelana con oro, y el resultado es hermoso. Hagamos eso con nuestras piezas. ¡Rellenémonos de oro, y brillemos! (A veces lleva un poco de tiempo).
Con el paso del tiempo, me doy cuenta de que hay algunos cambios buenos en mí.
Lo veo reflejado en mis logros, mi calidad de vida, amor y experiencias que tengo.
Sin embargo, ¡sigo repitiendo patrones inconscientes! Tal vez pase toda mi vida tratando de llenar mis grietas con oro...

Seamos positivos por un segundo. Mira a tu alrededor.
Ahora mismo.

No eres el mismo que eras en esta época el año pasado, ¿verdad?
Lograste cosas que querías, ¿verdad?
Al menos una o dos cosas que deseabas con todas tus fuerzas, las conseguiste, ¿verdad?

Piensa en las cosas y las personas que están en tu vida ahora mismo, es un poco mejor que antes, ¿verdad?
Tienes cosas nuevas, nuevas visiones.
Eres mejor en algo. Te lo garantizo.

Comparte tus pensamientos conmigo

graziella@grazimusic.com

IG: @grazicall

Desde mi punto de vista, volver al momento doloroso, recordar cada detalle de él, me ayuda a procesar la sanación dentro de mi mente.
Es terrible, pero necesario. Deberías intentarlo.

EL DOLOR ES PARTE DEL PROCESO

"La resistencia es el precio que pagas por elevarte".
("Drag is the price you pay to lift" -Frase famosa en aviación)

Podemos usar muchas leyes de la aerodinámica en nuestras vidas. Tan claros como estos conceptos utilizados en la aviación, debemos aplicar mucha más fuerza o impulso para vencer la resistencia, para poder "elevarnos".
La resistencia es el precio que pagas por elevarte.

Nuestro sacrificio→Resistencia

Nuestros logros→Elevación

Hay cuatro fuerzas básicas explicadas en la aviación.
Empuje, que es la fuerza que mueve el avión en la dirección del movimiento.
La resistencia es lo opuesto al empuje. Movimiento opuesto.
El peso es la fuerza causada por la gravedad.
La sustentación es la fuerza que mantiene un avión en el aire.
Por lo tanto, cuando aplicas una fuerza hacia adelante, siempre habrá otra en dirección contraria, "arrastrando" el avión, o sea a TI.

Acostúmbrate.
LOS OBSTÁCULOS TE ARRASTRARÁN HACIA ATRÁS.

El precio más caro por levantar un objeto es exactamente igual a su fuerza opuesta.
Es la vida misma, SIN EXCEPCIONES.

¡Qué "pesado"!
En la vida debemos aplicar el doble de fuerza para poder movernos a algún lugar y lograr "elevarnos", "ascender".

Y las leyes de Newton sobre el movimiento son obligatorias en la aviación, pero también ayudan a entender la vida.
La primera ley dice que un objeto no cambiará su movimiento a menos que una fuerza actúe sobre él.
Mi interpretación es que pongamos toda la fuerza sobre lo que queramos para poder movernos de la inercia.
La segunda ley dice que la fuerza sobre un objeto es igual a su masa por aceleración.
Calculemos nuestro peso y veamos cuánto necesitamos acelerar para mover EL TRASTE HACIA ADELANTE.
Si perdemos algo de peso innecesario, quiero decir, piénsalo, menos aceleración necesitaremos (cuanto más ligeros seamos, menos fuerza necesitaremos, eso se aplica a todos los aspectos de nuestra vida, no solo al físico).
La tercera ley establece que por cada acción (fuerza) en la naturaleza, existe una dirección igual opuesta.

Mi interpretación sería que, sin importar a dónde vayamos, siempre hay una fuerza que nos empuja hacia atrás, como obstáculos, enemigos y desafíos.

Algunos amigos de la aviación hicieron una broma sobre la tercera ley de Newton:

"La tercera ley de la "emoción" de Newton (no del movimiento en este caso):

"Por cada acción masculina, hay una reacción opuesta exagerada femenina".

¡Ah! ¡Por el amor a la comedia!

¿Recuerdas la resistencia y la sustentación?

El avión necesita elevarse, pero la resistencia lo está empujando hacia atrás, por eso, cuando lo miramos desde nuestra perspectiva, necesitamos reunir toda la fuerza, el combustible y la concentración para poder elevarnos.

Debemos reunir toda la fuerza para mantener nuestra velocidad aérea y llegar a nuestro destino.

El dolor siempre es parte del proceso.

ACOSTUMBRATE A ÉL.

Tengo una canción llamada *"No Rainbow Without the Rain"*, que explica bastante bien mi punto aquí.

No hay crecimiento muscular sin la rotura del propio.

Dolor, inflamación. Ácido láctico.

Es un proceso doloroso de crecimiento.

¿Cómo se supera algo emocionalmente?
Cavando profundamente, metabolizándolo, sanando y dejándolo ir.
¿Has visto a alguien ponerse en forma sin hacer ejercicio en absoluto o tener buenos hábitos alimenticios?
¿Has visto a alguien solucionar un malentendido sin hablar ni disculparse?
Un amigo me dijo:

"LA ÚNICA FORMA DE LLEGAR A ELLO ES A TRAVÉS DE ELLO", en inglés *"The only way to it is through it"*.

Necesitamos tanto el sol como la lluvia para formar un arcoíris.

Necesitamos el caos para establecer nuestro propio orden, y en este caso, la paz.
En realidad, lo que me llevó a escribir esta trilogía es una forma de auto-alivio, y mientras escribo, me curo.
Tú también deberías hacerlo.

Ninguna verdad es absoluta.

John Gray, el autor de "Los hombres son de Marte, las mujeres son de Venus" habló de esta práctica en uno de sus libros *"Feeling Letter"*, que reemplaza *"Feeling Better"* que significa que, si las personas escriben sus sentimientos y penas, se terminan sintiendo mejor.

Cuando te sientas inseguro, frustrado o triste, escribe una carta, te sentirás mejor.

Afirma que escribir es una gran manera de sanar, procesar tus traumas y otros beneficios.

Además, gracias a su libro, entendí el lenguaje de los hombres. Y el nuestro.

Los hombres carecen de dopamina, las mujeres carecen de serotonina.

Por eso tendemos a actuar de cierta manera, y hablamos idiomas completamente diferentes.

Usé la música, la danza, las charlas en los programas de televisión en los que trabajaba y los deportes como una forma de sanar.

La poesía, escribir ensayos y componer melodías siempre habían sido parte de mi *sweet escape*, mi dulce escape.

Tú también deberías probarlo...

¿Qué haces cuando te sientes estresado(a), decepcionado(a) y desesperado(a)?

¿Qué te gustaría cambiar?

Envíame un e-mail a graziella@grazimusic.com

O sígueme en IG @grazicall.

¡Toma una foto, etiquétame en tu historia y comparte tus pensamientos!

NO HAY ASCENSOR PARA EL ÉXITO, TIENES QUE TOMAR LAS ESCALERAS

Ley de Murphy #10:
"Un atajo es la distancia más larga entre dos puntos"

"TRAUM" significa 'sueño' en alemán, y creo que hay una conexión muy estrecha con la palabra "trauma".
Creo que los eventos "traum-áticos" o "traum-as" se almacenan en nuestra mente subconsciente, como un "SUEÑO" que no podemos controlar, y que se redirige a nuestra mente racional para "protegernos", pero arruinando la posibilidad de mejorar, por lo que tropezamos con la misma piedra una y otra vez.
Mientras nuestra mente intenta "protegernos", manteniéndonos en la "zona de confort" (lo que conocemos) y terminamos NO manifestando lo que queremos.

NO importa cuánto recemos y visualicemos, TENEMOS que romper el patrón y reconectarnos, reprogramarnos, para vivir mejor.

"No hay ascensor para el éxito, tienes que tomar las escaleras".

Lee de nuevo y deja que entre en tu mente.

El problema con el trauma es que está CARGADO de emoción, y está incrustado en nuestra mente subconsciente.

Y cuando queremos que algo suceda, como tener más dinero, no cargamos un pensamiento con emoción, porque quizás hemos estado en la ruina por un tiempo, y no programamos con emoción (olvidamos lo bien que nos sentimos cuando tenemos dinero, por lo que es difícil "crear o "inventar" emociones de la nada) y el ciclo se repite, pero, como la frase en aviación en inglés *"Thrust must be greater than the drag",* "El empuje debe ser mayor que el arrastre", nuestras metas deben ser más fuertes que nuestras situaciones actuales.

Según José Silva, autor de "El Método Silva de Control Mental", un reconocido reparador de radios y entusiasta de la psicología, afirmó que las emociones y las ondas cerebrales son muy importantes para manifestar cosas.
Habló sobre los estados mentales Alfa, Theta, Delta y Beta, para lograr alineación, logro y soluciones a los problemas.
¡Búscalo, es muy interesante!

¿CUÁNDO ES SEXY EL SEXO?

Cuando tiene un significado. Cuando tiene amor.

El otro día vi un meme online que decía:
"If the heart isn't in it, the blood doesn't flow" o sea que:
"Si allí no está el corazón, la sangre no fluye".

Hoy vivimos en una sociedad de trueque/intercambio.
El famoso "Quid pro quo".
El sexo no tiene sentido, la gente no lo toma como una conexión profunda y una experiencia trascendental.
Además, cuando te acuestas con alguien por quien no sientes nada, te estás vaciando.

Y en el intercambio sexual de energías, absorbes traumas, sentimientos, ansiedad. Te conviertes en esa persona.

ELIGE A ALGUIEN POR QUIEN LATIRÁ TU CORAZÓN.
Porque entonces, la sangre FLUIRÁ.

¿No sería bueno estar conectado en todos los niveles?
Cuando conectas, experimentas el amor y compartes sentimientos verdaderos sin fingir, entonces…

EL SEXO ES SINERGICO.

Porque la SANGRE FLUYE DESDE EL CORAZÓN.

El sexo es sexy cuando hay una conversación profunda, conexión espiritual, respeto mutuo, amor, consideración.
Es irresistible.
Si el sexo es bueno, ahora imagínate, ¿SEXO CON AMOR?
¡Indescriptible!

VA MÁS ALLÁ.

El sexo es sagrado, es la fuente de todo, y es LO QUE HACE QUE EL MUNDO GIRE según Sigmund Freud, y es el objetivo principal de la naturaleza, reproducirse.
Osho describió en su libro "Del sexo a la *superconciencia*" que el sexo debe tomarse como una necesidad normal, pero sin banalizar los sentimientos, ni la conexión.

¡ESA ES LA RAÍZ Y LA PARTE MÁS IMPORTANTE!
El resto... el buen sexo es consecuencia de una buena conexión.
Si no es así, como quizás hayas experimentado antes, el sexo es vacío, sin sentido, y te sientes utilizado.
Hombres o mujeres, no importa.

Asegúrate de que no te esté manipulando nadie.
Elige a quién quieras.
No lo hagas solo porque la sociedad te lo dice.
Por mi experiencia personal, es muy difícil separar las cosas, pues normalmente me enamoro de la persona con la que me acuesto.
¡Pinche oxitocina!

Tenemos que elegir con cuidado... Bob Marley dijo una vez *"El sufrimiento es inevitable, solo elige por quién sufres"*.

Sucede sobre todo con las mujeres, como explica el libro de John Gray.
Es una cuestión de hormonas y de falta de serotonina, así que cuando tenemos intimidad, liberamos oxitocina, dopamina y asociamos la sensación de bienestar con la persona con la que estamos, sin importar si es el criminal que elegiste... ahora lo estás idolatrando.
Sucede más seguido de lo que crees y probablemente te haya pasado a ti.
Pero te hace sentir vacío(a).
Pero no todo el mundo es así, el sexo también es un negocio, la gente lo usa y nunca conecta más (no lo puedo entender).

"Para gustos, el arcoíris".

La increíble conexión mente-alma/cuerpo existe, solo necesitamos encontrar con quién conectar y vibrar de manera igual.
Piensa en esto: si estás deprimido, entonces bebes, ¿no te deprimes más?
Corrígeme si me equivoco.
Cuando estás feliz y a gusto, si bebes, te sientes bien y disfrutas.
Especialmente cuando compartes el momento con otros amigos.
Eso también se aplica a la comida.

Cuando estás ansioso y comes, toda esa ansiedad se transforma en más ansiedad y letargia en tu cuerpo, puedes tener retención de líquidos, te sientes hinchado.
¿Sexo? Lo mismo.
Cuando tienes sexo solo porque es "*cool*" o necesario, o la sociedad te presiona, entonces no tiene sentido y te sentirás vacío.

Para hacer mi punto válido, creo que el sexo con intención y contenido es increíble, es ETERNO.

Pensé que era la única que tenía una vida romántica horrible.
¿Has reconocido tu valor?
Todavía estoy recogiendo mis pedazos rotos.

Además, nunca me casé. No es que el matrimonio sea el trofeo máximo para el éxito de una relación. Pero sería bueno tener una buena compañía en este viaje que es la vida.
Sin embargo, pasé la mayor parte de mis años odiando el matrimonio, porque lo veía como una institución, una obligación de la sociedad prejuiciosa, más que amor y un voto que hacían dos personas enamoradas.
Vi a la mayoría de mis amigos casarse, a mis familiares, y también vi el divorcio, las peleas, el cambio en el *sex drive*.
No muchos, pero vi parejas muy felices que superaron todo.

Simplemente vi el matrimonio con una luz diferente.
Gracias de nuevo, John Gray, por hacerme entender profundamente la enorme diferencia entre la falta de

dopamina en los hombres y la falta de serotonina en las mujeres, que es clave para entender la base de ambas. Los hombres buscan constantemente adrenalina, cosas que aumenten sus emociones de "riesgo", sus desencadenantes de la "libido", imágenes o conversaciones relacionadas con el sexo, su búsqueda constante de reafirmación de la masculinidad.
A las mujeres nos falta serotonina, el neurotransmisor de la "seguridad", o del cariño, necesitamos sentirnos cuidadas, protegidas, abrazadas, apreciadas, el cariño es el papel más importante, y el sexo es un *bonus*, no el plato principal.
Ese y otros libros del mismo autor, me hicieron entender mi última relación, en la que estaba dispuesta a hacer un gran compromiso, además que me mudé a su casa, y hablamos de matrimonio y bebés, pero no estaba destinado a ser.

La unión libre, el *Free Union* es una forma relajada de casarse muy común en países de Europa, que creo que es una gran manera de expresar tu amor hacia el otro sin firmar un papel, después de un par de años, por ley, tienes los mismos beneficios y derechos.

¿Cuánto tiempo te lleva ver las banderas rojas, los *RED FLAGS*?

¿Las ves inmediatamente y piensas en ello después?

¿O donde se cae el burro, ahí mismo le das el palazo? Además, ¿cuánto tiempo le toma a tu ser amado mostrar sus verdaderos colores?

Para mí, generalmente es después de **TRES** meses, ¿ves? Los **3** de nuevo, todas las banderas rojas y verdades impactantes comienzan a emerger.

Por favor, comparte tus pensamientos conmigo, toma fotos de las partes que te llamaron la atención, publícalas en tus historias y etiquétame, con gusto las volveré a publicar.

@grazicall

BUSCANDO EL AMOR EN LUGARES EQUIVOCADOS

"Si los hongos psicodélicos pueden crecer de la mierda, tú también puedes" ...
- Meme divertido online

Mi padre siempre me decía con un tono sarcástico:
"Que sorte que você tem com homens, einh?", quiere decir "Qué suerte tienes con los hombres, ¿eh?).

Entonces, si no tenía suerte con los hombres, ¿quizás porque no iba a funcionar para mí?

¿DEBERÍA BUSCAR MUJERES A CAMBIO?

Soy una persona despistada, ¿quizás también lo estaba siendo en este caso?

¿DEBERÍA CAMBIAR DE EQUIPO?

Tan pronto como le presentaba a alguien nuevo a mis padres, mi padre decía algo como "No me gusta este tipo", y mi madre tampoco.
Me llevó un tiempo entender que SIEMPRE tienen RAZÓN.
Creo ciegamente en la lectura intuitiva de mis padres.

Tienen una nariz muy entrenada, y eso no es algo religioso, pero si a ELLOS no les gusta alguien, mejor vigilo, porque serán problemas...

He sido lo suficientemente terca como para no escuchar sus consejos, tuve que pagar duras consecuencias.

Una tarde de *happy hour*, me reuní con una de mis mejores amigas en Miami, para tomar unos mojitos en un evento de un hotel que acababa de relanzar su restaurante-pool lounge. Midiala, una talentosa y inteligente músico, artista plástica y periodista, siempre parecía tener una palabra de sabiduría. Todos los recuerdos de Facebook son con ella, nuestros "*selfies*" en la transmisión y la "diversión en los cortes comerciales". Hasta el día de hoy.
De hecho, se rumorea que la gente de la canal de TV donde trabajábamos pensó que éramos "pareja".

Hablamos durante muchas horas, eso fue cuando todavía estaba en shock con el fracaso amoroso del "chico de Colorado" con el que salí. Les contaré esa historia con detalles más adelante, en el capítulo "De Miami escaldrante a Blancanieves y las siete pesadillas".

Le pregunté a Midi:
"*¿ESTOY BUSCANDO EL AMOR EN LOS LUGARES EQUIVOCADOS?*"

Ella dijo *"Abre tu corazón, ¿qué está pasando?"*

"Simplemente me siento invadida por los hombres, me duele, no sé qué más hacer para tener una relación estable. Definitivamente los estoy eligiendo mal. En la intimidad, me duele y me da miedo no estar con la persona correcta".
Ella me miró con compasión.
Seguí:
"Quiero estar con alguien que no solo quiera acostarse conmigo, aprovecharse de mí, como una transacción... Estoy tan dañada, especialmente después de esta experiencia, que tengo miedo de estar en la cama con un hombre. ¿Crees que será diferente si es con una mujer?"

Me miró como nunca antes.
Dejó de beber de su sorbete y se puso seria.
Encendió un cigarrillo.
Dio una larga calada... Exhaló...
"Bueno, Grace, ¿te atraen las mujeres?"
Le respondí: *"No realmente".*
"¿Quieres formar una familia y tener hijos algún día?"
"Sí, tal vez" dije.
"Cuando ves a un hombre, ¿sientes atracción, sientes algo?"
"Sí. Lo siento. De hecho, me ilusiono inmediatamente, imaginando viajes, aventuras y cómo nuestro futuro puede verse genial juntos, ese es mi nivel de ilusión. Quiero ser protegida, amada, por una figura masculina".
Con una mirada elocuente contesta:
"Entonces, Grace, no creo que estés buscando el amor en los lugares equivocados, simplemente aún no has encontrado al

indicado. No hay nada que indique que cambiarías de bando a estas alturas".

Respondió sabiamente mientras exhalaba una profunda nube de humo.
¡Las mujeres son complicadas! ¡No te lo recomiendo!
Lo has escuchado en alguna parte.

Ya he mencionado antes lo irónico que es la vida, que cuando finalmente has largado el bagaje, tal vez te sientas preparado(a) para enamorarte de alguien bueno... y descubres que el individuo es mentalmente inestable, o está casado y tiene hijos, o es gay de clóset, o es bipolar, o ha sido preso, o es *drug dealer*.

¿Has tenido alguna sorpresa loca? ¿Quieres compartirla?

¡Envíame un e-mail a graziella@grazimusic.com

O etiquétame en una publicación y la publicaré en mi Instagram @grazicall

¿Por qué no nos enamoramos de alguien bueno? ¿Están todos reunidos en una isla lejana, recibiendo entrenamiento militar y una educación europea mientras se llenan los bolsillos como los de Oriente Medio?

Hace poco leí un artículo sobre las 11 principales diferencias entre salir con un estadounidense y salir con un europeo.

Es bastante interesante.

Tiene un enfoque genial. No estoy juzgando, lo dejo en tus manos.

Puedes encontrar el artículo, escrito por Amy C:

https://hearthackersclub.com/11-differences-dating-european-man-vs-american-man/

ES GIBT KEIN ZURÜCK
(NO HAY VUELTA ATRÁS)

El amor se perdió en la traducción.

Érase una vez…
Un chico alemán, de Múnich, que conocí en Pelotas, al sur de Brasil, mientras estábamos de vacaciones de Navidad y Año Nuevo, parecía ser más relevante que otros chicos que había conocido antes.

Fue muy gracioso cómo nos conocimos.
Entró en el ascensor del hotel en el que mis padres y yo íbamos a pasar Navidad y Año Nuevo.
Las puertas se abrieron, sonrió, era genuino, alto y tenía un pelo largo, rubio con bucles, increíblemente hermoso.
Todos sonreímos. Yo, mamá, papá y él.

Yo diría la "SONRISA DE ASCENSOR", cuando no pones mucho esfuerzo en la sonrisa, una especie de sonrisa cuadrada, lo suficiente para parecer amigable.

Dijo hola en portugués con acento.
Lo que pensaste que podría ser un "silencio de ascensor" se convirtió rápidamente en una conversación divertida en alemán (¿eso es posible? Es broma).
Papá captó su acento y comenzaron a hablar.
Fueron un par de minutos en alemán, mientras yo sonreía, fingiendo que lo entendía todo.

Le dijo a mi padre que quería invitarme a una fiesta de Año Nuevo.
La persona incómoda era yo. ¡Pinches políticas!
En mi cabeza pensé: "Ahora tengo que ponerme la cara sonriente, maquillarme y llamar a su puerta más tarde, genial". Que miedo.
Mis padres siempre me animaban a que consiguiera a alguien especial y le diera un nieto, y que fuera feliz después de todo, porque nunca tuve éxito en el amor.
Estaban felices con este chico, parecía divertido, inteligente, genial y con un futuro prometedor.

¿Era el "príncipe" alemán el indicado?

Entonces, fui, llamé a su puerta. Él agarró algunas cosas y bajamos en el ascensor "mágico".
Empezamos a caminar por el bulevar, hablamos, reímos un poco.
Me dijo que tenía negocios en Brasil, Argentina, India y Alemania...
Noté que era un chico fiestero y bebía demasiado.
Era alto, rubio, con hebillas, ojos verdes, una cara de príncipe perfecta, pero pertenecía a todos.
Increíblemente inteligente, pero un playboy.
No del tipo que tomas en serio.

Esa noche fuimos al bulevar de la playa, hicimos algunos amigos, disfrutamos de la fiesta, bebimos y comimos algo, fue agradable.
Pero luego, comencé a ver algunas *RED FLAGS*...

El chico coqueto quería llamar la atención de todas las chicas y habló de ello libremente.

Después del fiasco de Año Nuevo, me dijo que me buscaría en Buenos Aires, donde yo vivía en ese entonces.

Está todo bien, soy una atleta de 100 metros en la categoría "salto de *RED FLAGS*" de todos modos.
Así que mantuve la posibilidad abierta.
Llegó a Buenos Aires, vino a mi casa, habló con mi papá durante tres horas en la cocina, ambos eran *businessmen* y tenían muchas cosas en común.

Mamá les sirvió café, bocadillos, brunch, frutas, como la anfitriona perfecta que es.

Mi papá lo aprobó, lo cual fue algo muy importante (nunca le gustó nadie), en qué dilema estaba yo… aunque no podía ignorar las banderas rojas, los *RED FLAGS*.

Estaba escribiendo algunas cosas en mi agenda, mis objetivos mensuales y las tareas que tenía que hacer.

Él escribió debajo que, como una de las tareas "*Conrad reihaten*". (Cásate con Conrad en alemán).
Pensé que era lindo, si lo dijera en serio…
Así que, al día siguiente, después de almorzar con una amiga en el centro, me dijo que lo encontrara.

Terminó sus reuniones y nos encontramos en una intersección muy transitada.
Era la calle Florida y Maipú, donde se podía ver un puesto de flores, así que aquí estoy con mi amiga, yendo a encontrarlo, piensen en esto en cámara lenta...

Él aparece entre la multitud, caminando, sonriendo, despreocupado como siempre, y saca un gigantesco ramo de flores, y sonríe más.
Su cabello rubio fluye con el viento.

Lo vi, salté y él me levantó, y comenzó a girar conmigo... Fue un momento mágico.
Me dio el gigantesco *bouquet* de flores majestuosas.

Se fue un par de días después a Europa.
Mantuvimos viva la "relación" o como sea que pueda llamarlo. Pasaron algunos meses, todos fuimos a Hamburgo para la boda de la hermana de mi papá. Antes de eso, fuimos a Múnich.

No recuerdo exactamente por qué estábamos en la estación de trenes de Munich. Es enorme y está abarrotada de gente. Se suponía que él nos recogería allí, así lo quiso. Sin embargo, esperamos durante horas y, según parece, envió a uno de sus empleados a recogernos y no nos vimos.

No tenía un cell que funcionara en Europa. Al final del día, envió a otra persona y nos dirigimos al hotel. ¡Qué desastre!

Hice una canción sobre esto, *"Where are the Signs"* (¿Dónde están las señales?), ¿recuerdas cuando estaba en San Francisco? ¿Un querido amigo la tradujo al chino "Xun Hao?".
Esta canción la compuse sobre él y toda esa situación.
Señales engañosas.
¿Cuál seguir?
Entonces, el príncipe alemán pagó toda nuestra estadía en Múnich en un lindo hotel (para mí y mi mamá), y también pagó muchas atracciones y tours por Baviera durante muchos días.
Experiencias increíbles.
Papá nos recibió un par de días después.
El príncipe era generoso y relajado.
Pensé que todavía estaba "en la relación".
Organizó una reunión en la casa de su mamá, con su papá también…

Fue una noche maravillosa, bebimos *Schnapps* de flores casero, hecho por su mamá.

Cinco días increíbles, pero la mayoría en grupos.
Una tarde fuimos a un típico *Biergarten* donde me presentaron el rapé, el *Snuff*, por primera vez.
Es tabaco que se inhala. Igual que la cocaína, pero menos gánster.
Recuerdo que estaba resfriada y con dolor de cabeza, y vimos a un señor mayor que vestía su *lederhosen*, camisa y sombrero bávaros, bebiendo su *Helles* (cerveza lager) de un litro.

Nos acercamos a él y le dijimos que tenía dolor de cabeza y todo eso. Él respondió: "*Oye, señorita, deberías probar esto, es el mejor remedio natural, definitivamente se te pasará*".
Estaba tomando mi *Hefe-Weizen* (cerveza de trigo) y ese señor puso una pequeña dosis de *Snuff* entre su pulgar y nudillos índices, así que lo esnifé.
Sentí un sabor mentolado y me quemó las vías respiratorias de inmediato. Es una sensación horrible y fantástica a la misma vez, difícil de describir.
Como enamorarse.
Visitamos castillos, *Herreninsel, Fraueninsel, Chiemsee, Marienplatz* y los lugares turísticos.
Pero él no expresó ningún sentimiento "más profundo".

¿Por qué me brindaría un momento tan agradable, pagando la estadía y todas las experiencias?
Pensé que todavía estaba "DENTRO".
En ese viaje ni siquiera pasamos tiempo solos.

Nunca volvimos a hablar... Y él nunca usó Facebook.
Sin embargo, era un hombre de negocios muy exitoso en Alemania y Europa. En todas las portadas y artículos de revistas importantes... él estaba allí.
Se convirtió en multimillonario, se casó dos veces y ahora es papá.

Papirico misterioso.

¿Qué bicho le habrá picado?

¿HOLA VECINA, ME RECUERDAS?

"El traidor desapareció, pero luego se convirtió en tu vecino". (Chúpate ese limón)

Cuando me mudé a Miami, conocí a un chico de Guam, pero creció en California, luego se mudó a Miami, donde nos conocimos.
Era *manager* de una empresa que producía sus propios cigarrillos, camisetas, accesorios y también representaba a raperos para conciertos musicales.
Yo lo llamaría un *Fronting*, pero continuemos.
Siempre me dijo que me ayudaría a impulsar mi carrera, bla, bla, bla…
Nunca le pedí nada. Simplemente me gustaba el chico, pensaba que tenía un buen corazón.

EL INFIERNO ESTÁ LLENO DE BUENAS INTENCIONES, ¿CIERTO?

Me estaba enamorando de él.
Nos conocimos en una gasolinera cerca de mi casa.
No vivía muy lejos de mí.
Todo parecía ir bien, no me importaba la cantidad descabellada de dinero que tenía o manejaba, también aprendí mucho sobre negocios con él.

¿Has oído hablar del *Purple Passport* o *Brown Passport* que es el que te da inmunidad diplomática en casi todos los países del mundo?
Me gustaba su forma de hablar, de hacer *business*, de comportarse y lo encontraba "protector".
Siempre me invitaba a su casa, pero luego no contestaba el teléfono. El tipo me ignoraba durante días.

Las veces que iba a su casa, siempre estaba dopado y borracho, nunca estaba "en el momento".

Luego desapareció. Las primeras dos o tres semanas fueron buenas, parecía sensible, comprensivo, masculino.
(De nuevo, una fachada).
Pero empezó a ignorarme.
Vi sus malos modales. Empezó a mostrar su verdadera cara.

Estuvimos juntos de vez en cuando durante unos ocho meses. Yo me culpaba a mí misma:
"Quizás estaba demasiado loca o tensa, quizás el tipo necesitaba su espacio".
Dejé de hablar con él debido a su constante *"ghosting"* (me ignoraba), su falta de carácter y su abuso de drogas.
A mi madre le agradó desde el principio, pero no aprobaba el consumo excesivo de alcohol y marihuana.

Yo bebo socialmente, pero él estaba en pedo el 99% de las veces.

Mi mamá organizó muchas cenas con su *team* de trabajo y fue muy divertido. Sus amigos se convirtieron en muy buenos amigos míos también.

En una de esas cenas, el tipo fue a la cocina con mi mamá y le dijo que estaba en proceso de comprar una casa para nosotros y que me iba a proponer matrimonio en la playa en un par de días.

Por supuesto, mi mamá me lo dijo y me sentí especial por un minuto.

Pero fingí no saber nada…

Desapareció.

Después de casi un mes, apareció de nuevo.

Esta vez recibió una llamada de mi papá.

Algo que nunca lo había visto hacer antes.

Mi mamá estaba detrás de todo, le había pedido a mi papá que llamara.

Entonces, fue una llamada de tres personas y escuché a mi papá decir *"¿Qué quieres con mi hija?"*. Me gustó.

El *hijoemadre* se quedó helado, dijo que tenía buenas intenciones, que solo estaba averiguando algunas cosas en la vida, pero que iba "en serio" sobre mí.

Mi papá también dijo *"Tengo que ir a Miami el mes que viene, tal vez podamos hablar cara a cara, para que puedas explicarme mejor"*.

(El tipo se cagó).

Dios mío, me encantó, al mismo tiempo me sentí protegida, quería reírme, porque el tipo era un COBARDE, y eso era todo lo que hacía, esconderse detrás de las drogas y nunca hacerse responsable de sus acciones.

Solo para descubrir después, por sus amigos, que estaba saliendo con tres chicas al mismo tiempo, yo y otras dos.
Una trabajaba en Hooters y tenía un calzón con nalgas prostéticas.
Sus amigos pasaban de vez en cuando a visitarme a mí y a mi mamá.
¡Ay, humanidad!
Compuse un par de canciones por él, pero lancé esa en la que describo hasta el fondo lo que viví con él, se llama:
"Hiding Away"
Escúchala en Spotify, iTunes o Apple Music.
Después de eso, el tipo se mudó a Arizona, luego a California nuevamente, ahora es mi vecino.
SÍ, MI VECINO.
Me vio un par de veces mientras paseaba a mi perrito y trató de comunicarse conmigo nuevamente.
Un día estaba paseando a Tiki (mi adorable Pomerania loco) y, de repente, se detuvo y se bajó de un vehículo negro.
Mi mamá también caminaba un poco detrás de mí.
"¿Graziella?"
Me detuve por un minuto y lo pensé dos veces antes de responder.
"¿Qué pasa si confirmo que soy yo y él me mata?"
No dije nada.
Miré su rostro y no sonó ninguna alarma.
Realmente borré su rostro de mi disco duro.
Mi mamá lo miró, dijo su nombre, él vino a abrazarla, y le dijo cuánto nos extrañaba, cuánto había cambiado.
Dijo que dejó sus "vicios" y demás.
Su mamá estaba en su auto.

Me llamó cariño y quiso reunir a todos.
Mi mamá le contó lo que hizo su hijo y cuánto me hizo sufrir, y así mi mamá, porque ninguna madre quiere ver a sus hijos pasando por esa mierda.

Su madre, justificando sus acciones, le respondió "Pero es un buen chico", OMG, qué ridículo. Literalmente me reí.
En fin, corté la interacción. Me fui, ni siquiera sé por qué le di mi número real de nuevo. Solo para bloquearlo después.
LOL.

TAKE THE HIGH ROAD
(Toma el camino de la diplomacia).
Ahora vive a un par de casas de la mía.
Cuando me ve paseando a mi perro, toca la bocina y yo no le hago caso.

Esquiva esa bala.

Si mi vida, VECINOS.

CÓMO DECEPCIONAR A TU MADRE 3.0

"Yo no crie a mi hija así".

La vida amorosa es "prueba y error" ...
Pero esta vez arrastré mi reputación al barro.
Me dije a mí misma que NUNCA SALDRÍA con un brasilero, porque son demasiado atrevidos sexualmente y "se lanzan" rápidamente. Sé que no todo el mundo es así, pero a mí me criaron de forma diferente.
Los brasileros tienen una cosa llamada "ficar", que significa simplemente tener una aventura o algo casual, sin ataduras. Las mujeres no son diferentes, son directas y también disparan sus flechas rápidamente.

Este brasileño/italiano parecía diferente, era mayor que yo, sus hijos tenían mi misma edad, yo tenía alrededor de 28 años en ese momento, él tenía 52.
Él también vivía en Miami.
Yo estaba presentando un programa de autos para ESPN Brasil, filmamos un par de temporadas sobre velocidad, autos exóticos, licencias de carreras, categorías de carreras, como NASCAR, Gran Turismo, F1, Fórmula Indie, etc.
Él fue uno de los entrevistados. Su personalidad cómica realmente me atrapó, como mencioné antes, me encanta la comedia.
Vi en él un mundo de posibilidades, viajes, diversión y, por supuesto, el aspecto "protector", porque él era mayor y yo tengo *daddy issues*. Obviamente.

Incluso fui a su casa cuando estaba remodelando y mencionó lo mucho que quería casarse conmigo... la misma canción que todos escuchamos de los hombres.
Me encantó la idea de estabilidad y familia.
Por alguna razón, vi eso en él.
Pasó un tiempo, nos estábamos acercando.
Fuimos a uno de los eventos patrocinados por *Bridgestone* en Filadelfia y nos divertimos mucho.
Mientras él tenía algunas reuniones antes del evento, fui a Chinatown, caminé por el centro, fui al Rocky Steps, tomé un café y un helado en la plaza italiana... y visité a mi mentora budista, ella es de Corea del Sur y vivía un poco lejos de la ciudad...
Hacía frío, había niebla y brisa.
El evento se llevó a cabo, fue increíble.
Siempre me encantaron los autos y la velocidad de todos modos…
Allí, en Chinatown, aprendí que no puedes estacionar tu auto en la calle, incluso si hay un lugar disponible, si está cerca de un hidrante, te multarán.
Bueno, tuve que pagar $82 dólares para la ciudad de Filadelfia.
Viviendo y aprendiendo. Chiflando y aplaudiendo.
La última noche del evento, fue súper divertido, y en la habitación del hotel, estábamos jugando y, bueno, solo por diversión, nos tomamos algunas fotos, y los dos desnudos, con cascos de carreras, cinturones, conos y otras cosas divertidas de carreras.
Él tenía todas las fotos en su teléfono.

Yo no tenía ninguna, mi error.
Incluso me olvidé de eso. Realmente no me importaba.
Regresamos a Miami y seguí filmando mis otros programas normalmente en el Canal 41.
En la estación de TV trajimos a algunos de sus *tuneadores* de autos y algunas personas geniales del equipo de carreras.
Bueno, con el paso del tiempo, vi algunas *RED FLAGS*, también la inconsistencia de sus promesas.
De repente, esta mujer comenzó a seguirme a todas partes, a todas mis redes sociales y también a los eventos de carreras en los que participaba en los autódromos.
Espera. Tenía su mismo apellido... ¡Oh, no!
Se acercó amablemente y trató de hablar conmigo, le hablé sin problema, pero siempre estaba haciendo lo mío, filmando, entrevistando.
Poco después de que se acercara, vi comentarios abrasivos en todos mis videos en YouTube y en la mayoría de mis publicaciones en Instagram y Facebook.
Insultos de todo tipo. El mensaje era obvio.
Él estaba casado y ella era su esposa.
Y sí, me dijo que estaba divorciado.
Rompí con él y necesitaba salir de ese drama.
Bueno, su esposa me estaba degradando en todas las redes sociales posibles, bueno, eso sería más que suficiente para desaparecer.

Mi madre, que guardó esto en la caja fuerte, durante al menos 2 años, extremadamente avergonzada, me dijo que su esposa, de quien nunca se divorció (al contrario de lo que me dijo muchas veces), le envió a mi madre fotos mías desnuda

por Messenger (ella tomaba su teléfono y revisaba sus mensajes y fotos).
Las fotos venían con el mensaje:
"No creo que la hayas criado para ser así, ¿verdad? Es una mujer educada, graduada, trabaja en la televisión, que no necesita salir con un hombre casado".

Obviamente, me regañaron, porque bueno, *"¿Cómo permitirías que alguien te tomara fotos desnuda? ¿Hasta dónde caíste por esta broma estúpida? Yo no te crie de esta manera".*

Qué vergüenza, qué humillación para ella Y PARA MÍ.
No me extraña que mi madre nunca haya confiado en mí, cree que estoy loca.
¿Entiendes por qué no puedo salir con brasileros?
Para mí fue algo divertido de hacer, y no es mi culpa que él fuera un mentiroso culero.

Además, cada vez que la bloqueaba de mis redes sociales, ella encontraba una manera de crear otra cuenta y seguir mi contenido en IG y FB.
Creo que ella también se enamoró de mí.

¡*BITCH*, ERES UNA FAN!

DE HUÉSPED DE AIRBNB A CAOS COLATERAL

"A veces, simplemente te arrastra el WAKE TURBULENCE".

Este es el ejemplo perfecto:
La gente está celebrando una gran fiesta, todos están borrachos, luego queman la casa y tú eres el único que la limpia después.
Esta fiesta no era tuya, pero si no lo haces tú, nadie lo hará.
Yo no tenía ninguna relación con este tipo, de ninguna manera.
Yo era la anfitriona acogedora y amable de *Airbnb*.
Él era un huésped educado, amable, inteligente y agradable en nuestra casa.
Mi madre y yo decidimos hacer Airbnb porque nos encanta viajar y nos encanta la hospitalidad.
Este tipo era de Brunswick, Georgia, y cenó con nosotros, pasó el rato junto a la piscina, incluso jugamos al golf, nos tomamos fotos.
Me dijo que estaba divorciado desde hacía tres años.
¿Te suena la canción?
Trabajaba con las compañías eléctricas de Florida y Georgia.
Pero tenía el mismo síndrome que los tipos que mencioné antes, ¿sabes de quiénes las esposas y los hijos desaparecen de repente como un truco de magia?
De la nada, recibí una llamada de un número de Brunswick (Georgia), dos días después de que él se fuera de nuestro Airbnb.

"¿Qué quieres de mi marido, *bitch*?" Me quedé atónita.
"¿Por qué guarda fotos tuyas y te habla bonito por WhatsApp?"
"Primero que nada, identifícate... *bitch*.
Segundo, si quieres hablar conmigo, tienes que dejar de llamarme *bitch*".

Ella se calmó, y me hizo todas las preguntas posibles del interrogatorio. No le colgué, porque sentí su dolor, además de que siempre he sido muy empática.
Respondí todas las preguntas del interrogatorio del FBI.
De mujer a mujer. Me aseguré de que ella supiera lo que necesitaba.
Ella era su esposa, y después de un rato hablando, se disculpó muchas veces.
Le di detalles sobre los tres o cuatro días que pasó en nuestra casa en Miami.
"¿Qué pasa con el día de golf?"
"Sí, ¿qué pasa con eso? "Me llevó a jugar al golf, tomamos té helado y luego volví a casa", respondí.
Agregué que todos, incluida mi madre, estuvimos en la piscina, nos tomamos fotos y no pasó nada.
Ella dijo: *"Sí, todavía él tiene todas las fotos que te tomó jugando al golf en su teléfono celular, está enamorado de ti"*.
Oh, Dios.
Le dije que lo sentía de verdad, pero que este problema matrimonial realmente NO ERA ASUNTO MÍO.
Yo solo era un DAÑO COLATERAL.

Ella lloró: *"¿Qué debo hacer? No puedo soportar esto más".*
Me dijo que había sufrido con su distanciamiento antes... y que él la engañó 2 veces antes.
También tuvieron un bebé de 3 años.
Un tipo me dijo que no tenía hijos.
Hablamos durante una hora... nos hicimos amigas.
DE *BITCH* A PSICÓLOGA.
"La primera vez fue su culpa, pero la segunda fue la mía".
Le dije que, si ella permitía que eso sucediera un par de veces, entonces la payasa era ella.
Ella me envió lo *screenshots* de sus conversaciones románticas, justo después de que él se fuera de Florida.
Todo sobre romance, amor y compañerismo.
Y él me dijo que NUNCA SE HABÍA CASADO, luego que se había divorciado.
El Titanic se estaba hundiendo y yo casi me ahogo en ese BARCO DE MIERDA.
Pero espera, la cosa mejora.
Me mudé a Ohio a fines de enero de 2018, donde viví durante un año y un par de meses, y ¿adivinen qué?
Su número apareció OTRA VEZ en mi teléfono.
Llamó para recibir orientación psicológica.
Llorando, pidiendo ayuda. (Me sentí chantajeada emocionalmente, pero ayudé de todos modos).
Comenzó a volverse un poco molesto.
Y sucedió algo aún peor.
Era un *screenshot* (captura de pantalla) específico, con todos los mensajes de texto y llamadas perdidas a mi número (ella tomó su teléfono mientras él estaba durmiendo), pero

adivinen qué, lo había bloqueado antes, tal como le dije y nunca recibí nada.

No fue mi culpa que me llamara 20 veces y que esté en su registro de llamadas.

"Ay niña bendita, revisa la DURACIÓN de las llamadas, porque son llamadas perdidas y no me importa en lo más mínimo tu marido infiel".

Me preguntó muchas veces:

"¿Estás segura de que no has respondido?"

Dios mío, este drama pelotudo comenzó a darme en los nervios.

Ella dijo que él desapareció por un par de meses y pensó que se había ESCAPADO CONMIGO A OHIO.

Porque antes de irme de Miami, le mencioné que me iba a Ohio.

El muy listo se quedó con cada conversación y foto que intercambiamos antes de que yo supiera la verdad.

Patada en los huevos, hermano.

De todos modos, después de mostrarle con quién estaba saliendo, y fotos, y hablar por FaceTime un par de veces, me creyó, pero ya me encabroné, no tengo que demostrarle nada a nadie.

ESTO COMENZÓ A SUPERAR MI NIVEL SALARIAL.

Me encanta apoyar a la gente, pero hay que trazar un límite saludable.

No la bloqueé, pero no le respondí más.

Vete a lavarte el orto.

¿QUIÉN SOY YO PARA JUZGAR?

"Traicionar es malo, pero si lo haces con el pastor, estarás divinamente perdonado"

Uno de mis amigos cercanos, un tipo puertorriqueño muy simpático, que es un excelente mecánico, *tuneador* de autos y una persona divertida, era muy cercano a mí y a mi madre.
También tuvo un pasado difícil, vivió la violencia, se juntaba con la gente equivocada en el momento equivocado.
Pero tiene un corazón de oro.
Pasó mucho tiempo conmigo y mi madre, y teníamos algunos amigos en común.
A veces echaba un vistazo a nuestros autos, nos daba consejos inteligentes.
Mi madre pasaba horas hablando con él, dándole consejos sobre la vida, como a cualquier otro niño.
Nos conocimos en el gimnasio, él pensó que yo era una celebridad y tenía cámaras grabando, porque era muy amigable y accesible, ya que él sabía que yo estaba en la televisión.
Estábamos en los elípticos.
Empezamos a reírnos y a ser sarcásticos.

Tuvo problemas con su esposa durante años, y hablábamos de eso durante horas.
Ella me estaba siguiendo en todas las redes posibles.
REPITO: Él era solo un amigo.

Su esposa lo engañaba.
Sin embargo, ella puso un dispositivo de seguimiento GPS en su auto, un día lo siguió, ese día él nos estaba ayudando a resolver algo en el auto de mi mamá.
Ella vino a mi casa.
Llamó a la puerta y preguntó por él.
Le dije que entrara y se pusiera cómoda.
Estábamos todos conversando en el comedor.
Entró y le dio vergüenza ser inoportuna, dada la situación, trató de ser breve. Se sentó en el sofá con nosotros, pero al poco tiempo se levantó. Incómoda como la mierda.
Se disculpó y se fue, y se disculpó por las molestias.
Tenía problemas de confianza, porque era infiel ella misma.
¿Pero por qué? ¿Porque mi amigo estaría haciendo algo mal o porque la descubrió engañándolo con el pastor de la iglesia?
No solo eso, todo el dinero que estaban "ahorrando" fue redirigido inmediatamente a las "causas de la iglesia".
Mi amiga tardó un poco en ver eso… La cantidad no se movía… estaba siendo redirigida al "Paraíso Fiscal Cristiano".
Este es otro nivel de deshonestidad.
Además de infiel, ¿estás tomando el dinero de tu marido y dándoselo al tipo con el que lo estás engañando?
Por cierto, ella siempre siguió mi Instagram desde diferentes cuentas, durante años.

¡*BITCH*, ERES OTRA FAN!

DE ESCALDRANTE MIAMI A BLANCANIEVES Y LAS SIETE PESADILLAS

LEY DE MURPHY #6
"Todo lo que intentes arreglar llevará más tiempo y costará más de lo que pensabas"

Esta inversión amorosa me estaba agotando.
Casi me pego un tiro en el pie (como una de mis canciones, *"Shot Yourself in the Foot"*).

Según él, teníamos muchos amigos en común en las redes sociales...
Luego lo comprobé, de hecho, sí, los teníamos, pero ya sabes, cuando compruebas los "amigos en común" y preguntas "¿Quién carajo son todas estas personas?".
Así que, básicamente, tener amigos en común no sumaba más puntos... de todos modos, lo acepté.

Me agregó en mis redes sociales y estuvo estudiándome durante un tiempo.

Nació en California, de una familia española.
Creció en San Diego, abandonó la universidad en el campo de la informática y se dio cuenta de que podía ganar mucho dinero en otra industria. ¡LA VERDE!

Se mudó a Colorado y comenzó a aprender a cultivar y vender marihuana.
Tenía licencia, dispensadores enormes e invernaderos, y también invertía en bienes raíces.
Me mostró las propiedades de Colorado.
Venía a visitar Miami y volvía.
Yo también fui allí un par de veces.
A mi madre le encantaba el tipo.
Podía arreglar cualquier cosa.
Me invitó a ir allí y era muy aventurero, generoso y parecía atractivo.
Nos llevamos bien desde la primera noche que salimos juntos.
A los tres meses, las cosas empezaron a verse un poco raras.

Empezó a tener ataques de "celos" … y me ignoraba por rencor o celos, luego yo descubría que era premeditado, porque se había ofendido con una publicación o algo así, así que me hacía "pagar" desapareciendo.

Trabajando en la televisión, siempre estaba rodeada de personas diferentes todos los días, y él siempre preguntaba "quién es este, quién es aquel" basándose en mis publicaciones, de una manera muy posesiva. Fue agotador tener que dar explicaciones TODO EL TIEMPO.
Es lindo estar un poco celoso, pero todo tiene un límite saludable.

Recuerdo que para ese entonces yo tuve una "pausa televisiva" y él me enviaba mucho dinero para que me mantuviera durante un par de meses. Tenía un corazón generoso.

Pasé unas dos semanas allí. Fuimos a Denver, Snow Mass, Aspen, Vail, Colorado Springs. Hicimos un recorrido bastante largo.

Me encantó ver los diferentes paisajes, y también las hermosas montañas y la nieve.

La atmósfera de Colorado me hizo volver a México y a mi infancia.

Estando allí, empezó a hablarme de una manera diferente... y no me gustó.

A medida que pasaba el tiempo, empezó a mostrarme lo imbécil que era y que ser amable era solo una fachada.

Y me encontré allí en medio de una propiedad de ochenta acres rodeada de nieve.

Hacía algunos chistes muy fuertes y no me gustó la forma en que me faltaba el respeto.

Era divertido, pero a veces demasiado divertido, hasta el punto de que me hice varios moretones en las piernas, el trasero y una costilla magullada.

Fumaba mucha marihuana también, no lo juzgo, no es lo mío, pero se volvía loco y se convertía en alguien extremadamente vulnerable, paranoico, manipulador y agresivo también.

Y ahí estaba yo, en medio del INFIERNO DE INVIERNO con un tipo mentalmente inestable.
¿Cómo me metí en esto? Y lo más importante...
HOW THE FUCK AM I GONNA GET OUT OF IT?
¿Cómo cojones voy a salir de eso?

¿Recuerdas el plazo de 3 meses?
Después de eso, la gente suele empezar a mostrar su verdadero rostro.

O UNA AVALANCHA DE *RED FLAGS*.

Estábamos jugando a la lucha libre, y él me agarró, me tiró al suelo y me trabó los brazos, mientras ponía todo su peso sobre mí.
Yo sin aire le supliqué *"¡No puedo respirar! ¡Para! ¡No puedo respirar!",* la broma fue un poco demasiado lejos.
Llegué tarde para el recuento de banderas rojas.
Esa broma me costó una costilla magullada y comencé a pipí con un poco de sangre.
Se lo dije de inmediato, no le importó un carajo, de hecho, estaba disfrutando de mi dolor, como el sádico que es.
Antes de ese día, fuimos a ver uno de sus lugares favoritos para tomar fotos al atardecer, y allí estábamos, al borde de un acantilado, con un Defender 4x4, él conducía como un psicópata, y vi el abismo a mi derecha, y le dije que tuviera un poco más de cuidado, estábamos demasiado cerca del borde. Se estaba volviendo un poco demasiado aventurero.

EL SÁDICO OBVIAMENTE AMABA MI MIEDO.
Damas y caballeros, bienvenidos a otro episodio del rally "*Amazing Dis-grace*".
Se estaba riendo, pasándoselo genial.

Tuve que REVERTIR LA ESTRATEGIA.
Así es como lidié con criminales antes, con psicología inversa, calma, dándoles el poder que querían.

Como si el destino se estuviera burlando de mí otra vez, llevándome a un flashback de mi primer novio que murió.
Dijo exactamente lo mismo que él
"Está bien, si morimos, moriremos juntos" mientras se reía.
¿Por qué atraje esa cagada a mi vida?
Entonces, comencé a reírme como una psicópata, le dije que fuera más rápido y que saltara del acantilado, con el camión, mientras me reía y gritaba.
"¡¡¡DALE BRO!!! ¡MÁS RÁPIDO! ¡HAGÁMOSLO!"
Disminuyó la velocidad, el chiste ya no era gracioso.
Gracias a Dios, funcionó.
¿¿¿Deja vù cabrón???
Al día siguiente miré hacia fuera, contemplé la belleza natural de aquel lugar, toda aquella nieve cayendo, los árboles, el viento… mi costilla magullada frente al espejo.
Tenía que pensar en algo. Una salida. Pronto.
Podía ver alces, ciervos, algunas ardillas aquí y allá, era una hermosa cabaña de troncos de dos pisos, olía tan bien

adentro. La chimenea siempre estaba encendida y las bebidas estaban al alcance de la mano.

Yo tomé la mayor parte del tiempo que estuve allí.

Viviendo sedada...

Afortunadamente, después del episodio de *"Amazing Disgrace"*, ya que me mostré más psicópata que él, ya no era tan sádico.

¿Conoces a esos hombres que quieren que las mujeres "paguen" por cualquier trauma que hayan tenido?

¿Porque tuvieron un problema grave con sus madres?

Él era uno de ellos. Su madre salió del armario cuando él estaba creciendo.

"¿Tienes armas?", pregunté.

"No, no puedo", dijo.

Aunque solía tenerlas.

Una amenaza disfrazada.

Todas las transacciones se hacían en *cash*.

Siempre llevaba mucho efectivo.

Le pregunté por qué nunca pagaba nada con tarjeta.

"¿Por qué, solo en efectivo?"

Él respondió. *"No me enorgullezco de ello, pero debes saber que estuve 6 años en prisión, por eso no puedo abrir cuentas bancarias, todo tiene que estar a nombre de otra persona y ya no puedo llevar armas"* (porque amaba las armas).

Según él, vio a su padre violar a su hermana, le dio un puñetazo tan fuerte que, más tarde, en el hospital, falleció (no es de extrañar que la madre se volviera lesbiana).
No recuerdo el nombre de los cargos.
Evitó la prisión perpetua.
No sé hasta qué punto pude creer sus palabras.
No sé el resto de la historia, nunca conocí a ningún miembro de su familia, solo a su hija brevemente. Conocí a algunos de sus amigos *gánsters* allá en Colorado Springs, pero realmente no tenía a nadie que lo confirmara.
Me hice la interesante, fingí que lo amaba tanto y "no podía esperar a verlo de nuevo" hasta que salí de allí.
Lo pensé durante dos días, cómo podría ejecutar el *plan de salida* sin que me matara.
Siempre ponía una excusa para no llevarme al aeropuerto.
Pero le dije que mi madre había tenido una crisis cardíaca grave y que me necesitaba de inmediato.
Pude regresar a Miami. Viva.
Nos separamos.
Bueno, yo lo hice.
Él no.
EL PSYCHO NO SE RINDIÓ SIN UNA GUERRA.
Empezó a ser obsesivo. Obtuvo todas mis fotos (personales y algunas más de mi perfil) y creó cuentas falsas con otros nombres, unas 6 en total. Creaba unas 2 cuentas al mes y, tan pronto como cerraba una, abría otras, como un ciclo patológico.

HERMANO, SI QUIERES UN SACO DE BOXEO, COMPRA UNO.

Agregó a todos mis amigos hombres en las otras cuentas y les habló haciéndose pasar por mí. Denuncié tantas cuentas falsas que fue una locura. Además de las amenazas también. Mis amigos comenzaron a decirme que alguien había creado una cuenta falsa, haciéndose pasar por mí, tomaron capturas de pantalla y me las enviaron.
¿Cómo alguien puede tener tanto tiempo libre?
Publicaba una foto mía en bikini o lencería (la que se suponía que era privada entre él y yo cuando estábamos juntos) y decía:
"Hola chicos, me siento solo esta noche, ¿quién viene a casa?"

Era agotador, también lo hacía en Instagram.
INFINITAS VECES.
Después de denunciar las cuentas, Facebook cerró MI cuenta en lugar de la del impostor, y estuve treinta días sin ningún acceso a mi cuenta, en una época que era muy importante, y yo salía en vivo casi todas las noches, publicando contenido de mis programas y promociones.
Nada fue resuelto. Y para su diversión, yo también recibía cartas, flores, chocolates, ositos, con una tarjeta de "Te amo", pero totalmente anónima.
Como el dicho "Confunde a tus enemigos", eso era.
Él era bueno manipulando.

Escribía correos electrónicos raros, con información de enciclopedias, bacterias, virus, cosas aleatorias.

Le dije que parara, y se puso muy agresivo, y dijo que todo era culpa mía, que yo "destruí" lo hermoso que teníamos juntos, que él estaba realmente ansioso por tener una familia conmigo...

Me comunicara o no con él, siempre me atacaba.

Y se disculpaba después, ser bipolar era lo suyo.

Estaba "fuera de sí", y siempre justificaba sus malas acciones echándome la culpa, porque lo ignoraba tanto.

Compuse muchas canciones gracias a este capítulo de mi vida amorosa (y desastrosa). La canción que lancé sobre este es un sencillo EDM *downtempo* llamado *"Never Was, Never Will be"*.

¡Chequéalo en todas plataformas digitales!

A lo largo de muchos años, él siguió creando otras cuentas para volver a seguirme, después de que yo lo bloqueaba constantemente.

Todavía hay una cuenta abierta ahora mismo, todos mis amigos la han denunciado y sigue ahí como un recordatorio amistoso de que es un IMBÉCIL CON PODER (después de todo, el tipo *IT* sabe lo que hace). Por cierto, esa cuenta tiene un enlace a un sitio web pornográfico y tiene muchas de mis fotos.

¿Cómo es que eso NO VA EN CONTRA DE LAS NORMAS DE LA COMUNIDAD? Pero si hablo de *Operation Mockingbird*, me banean y me restringen de inmediato, ¿no?

Probablemente el tipo más peligroso con el que he estado, junto con mi primer novio. ¡Ambos son Escorpio! ¡Vaya!

¡Salud al veneno!

(Y para todos mis amigos Escorpio, tómenlo como una broma popular).

DE ESCAPADA ROMÁNTICA A EUROPA A AVENTURA CAGADA

Ley de Murphy #1

"Todo lo que puede salir mal, saldrá mal"

De todos los chistes que el universo me ha hecho, este es el más gracioso (aunque no para mí).
Comencemos esta historia con la adorable música de los cuentos de hadas...
"Érase una vez...
...Se cagó encima"

Estaba en Europa y fui a ver un amigo de años, y hemos estado muy presentes en la vida uno del otro, incluso viviendo en ciudades completamente diferentes de U.S.A.
No sabía que él estaba en Europa, y vio mis publicaciones y descubrió que yo estaba en una ciudad de Alemania, por una foto, así que decidimos encontrarnos.
Salimos con algunos miembros de su familia que vivían en esa región específica de Baviera.
Fue una velada encantadora. Fuimos a un lindo pub, hablamos durante horas, era una noche de verano agradable, con cielo despejado y brisa fresca.

El restaurante/pub tenía una terraza rodeada de parras y piedras, con algunas chimeneas, un aspecto completamente "medieval".

Recuerdo que antes de vernos, fui a encontrarme con unos amigos ese mismo día, comí muchas ciruelas del jardín del hotel, era tan hermoso, natural, orgánico y delicioso...

¡Puedes comer ciruelas y manzanas de tu jardín! Me encanta Europa por eso, todo el mundo tiene la costumbre de cultivar sus propios árboles frutales, verduras y menta, romero, viñedos, etc.

Bueno, ya sabes lo que pasa cuando comes muchas ciruelas, ¿verdad?

¡*Autobahn* al baño!

Tus intestinos lo dejarán ir todo... ¡hasta tus traumas más profundos!

No comí durante el resto del día, cuando me encontré con mi amigo, solo tomé agua con gas...

Para terminar con fuerza, tomamos *Zwetschgenschnaps* (Schnapps de ciruelas), qué coincidencia más divertida... ¡ciruelas!

Primero las ciruelas, después con el estómago vacío, después tomé agua con gas y Schnapps... fue como si lo hubiera pedido a gritos.

Sentí como una piedra en el estómago.

Las conversaciones van y vienen, me acompañó a mi hotel, algunas risas, una cosa llevó a la otra, luego, bueno, nos pusimos románticos.

Me dijo que tenía sentimientos por mí, pero me veía desde un lugar de "yo era demasiado independiente o exitosa", por eso nunca se acercó, pero siempre me admiró y quiso presentarme a su familia.

Me gustaba, pero él nunca se acercó antes, y yo soy el tipo de chica a la que le gusta ver el esfuerzo o la intención, así que veo en qué estoy invirtiendo mi energía.

Muy lindo de su parte, abrir sus sentimientos de esta manera. Los hombres generalmente tienen miedo de hablar de sus sentimientos, o hablar de "a dónde va esto" y todo eso... ¿o no?

Afortunadamente, poco después de que sucedió el romance, se desmayó, tomó algunas cervezas, más los tragos...

Estaba muy cansada, pero no podía dormir, mi estómago comenzó a gruñir a lo grande, pensé que tenía gases... pero el sonido seguía retumbando...

Entonces traté de soltar uno en silencio, ¿y luego qué pasó? Me cagué.

Sí... con una persona con la que he sido amiga durante mucho tiempo, y finalmente estábamos juntos, y como todas las demás fantasías en la mente de las mujeres, tiene que ser dulce, tierna y perfecta... ¡ESTA VEZ NO, CHULA!

Entonces, me puse la mano en el fondillo y corrí al baño.
¡Gracias a Dios que no me cagué en las sábanas!
¡Fue una pesadilla! Y empeoró.
Una vez que me senté en el inodoro, salió como la Sinfónica tocando Rachmaninoff con todos los tambores.

No sé qué era un pedo y qué era diarrea.

¡Qué vergüenza! Me río ahora, pero literalmente quería morir en ese momento.

Rezando para que no escuchara el concierto del *toilet*.

Después de eso, me di una ducha e intenté hacer el mínimo ruido para que no se despertara.

El romance se acabó. Al igual que mi estómago.

Pero espera.

Eso mejora.

Después de la ducha me vestí bien de nuevo, tratando de usar mi pijama sexy, me puse un poco de loción y perfume rico y volví a la cama.

Gracias a Dios en Europa la mayoría de los hoteles, sin importar lo grande que sea la cama, suelen tener dos colchones, así que nos separaban, por si acaso tenía otra "emergencia de culo".

Sentí que tenía gases, otra vez...

¡No! ¿Me cagué otra vez?

¡SAGRADO IMPERIO ROMANO!

Sí, me cagué encima... ¡OTRA VEZ!

¡No otra vez! Corrí al baño, con la mano en el traste.

Y esperando la salvación.

El nombre de la película no debería ser "La venganza azteca" (en México conocido como la *Venganza de Moctezuma*), sino "La venganza de las ciruelas", quiero decir que debería haber recordado que las ciruelas son uno de los LAXANTES más FAMOSOS del mundo, que se usan incluso en medicinas y cosas así.

Tan pronto como volví a la cama, presté atención.
Me detuve por un momento.

Me dije a mí misma "¡YA NO CONFÍO EN MI CULO!"

Si escuchaba ruidos estomacales, simplemente correría al baño.
Tuve problemas de confianza con mi trasero durante mucho tiempo después de eso.
"¡Si escucho algún ruido, pal toilet derecho!"
Allí estaba yo, corriendo al baño... UNA VEZ MÁS.
Fui tantas veces, que simplemente me senté allí y esperé a que pasara el tráfico.
Decidí tomar mi teléfono y pasé la noche sentada en el trono.
¡Estaba emputadisíma!
No tenía sentido volver a la cama.

SOLO ME SENTÉ EN EL TRONO la mayor parte de la noche, *chilling* y navegando por Internet.
Ahora, ¿qué pasaría si él estuviera despierto y comenzara a hacerme preguntas como *"oye Grazi, ¿estás bien ahí en el baño?"*.
Yo quería desaparecer, salir del hotel o pasar la noche en el lobby, para poder soltar el diablo cómodamente...
Bueno, la orquesta sinfónica terminó, así que me fui a la ducha una vez más.

Nuevamente me puse un pijama sexy (no me sentía nada sexy) y volví a la cama.
Gracias a Dios estaba roncando y había bebido demasiado, de lo contrario mi cara se caería de la vergüenza.

No recuerdo NUNCA en mi vida haber tenido una disentería tan continua y tan mala.
¿Cómo puede alguien cagar tanto...?

¡LAS CIRUELAS!
¡Y los tragos HECHOS DE CIRUELAS!
Literalmente me lo pedí.

Después de que mi TRASERO MURIÓ EN COMBATE, me di otra ducha (tal vez me di 5 duchas en total) y me fui a la cama, probablemente dormí dos horas máximo, y al día siguiente, él se fue temprano a encontrarse con sus parientes, y yo me encontraría con él más tarde para un día de "exploración" y turismo.

Estoy en shock hasta hoy.

Como dijo Murphy *"Si algo puede salir mal, saldrá mal"*.

Si estás preparado para algo, puedes hacer cualquier cosa para asegurarte de que sea perfecto o que las cosas se desarrollen de cierta manera, pero la vida te dará sorpresas.

Además, nada es lo que parece.

Mis amigos pilotos tienen un dicho:

"PUEDES PLANIFICAR EL VUELO, PERO NO PUEDES PREDECIR EL TIEMPO".

DÉMOSLE UNA OPORTUNIDAD AL AMOR ONLINE

"Si funcionara, todo el mundo lo haría" ...

En realidad, todo el mundo lo hace.
Pero, ¿funciona?
Fue lo último que me pasó en mi pésima "vida amorosa".
Nunca le di crédito a las citas online. Especialmente después del "chico de Colorado". (No lo conocí en una plataforma de citas, sino a través de Facebook, cuenta como lo mismo... Y teníamos amigos "en común".
En mi cabeza "Es raro, una tontería, la gente solo quiere ligar, relaciones superficiales", etcétera...
Voy por la mitad de mis treinta y ¿por qué debería funcionar esto para mí AHORA?
¿Justo ahora? ¿Cuándo confío cada vez menos en la gente?
Lo usé una vez en 2013, salí con un chico muy genial, de Maine, pero que vivía en Fort Lauderdale, un director y productor de anuncios de coches.
Salimos dos veces. ¡Las dos fueron súper divertidas!

Nada íntimo, solo diversión, bolos, ir al cine y charlar mientras tomábamos unos cocktails.
Dos citas muy divertidas y luego me *ghosteó* (ignoró).

Después de dos semanas, me envió un mensaje de texto y me sentí un poco rara, normalmente estoy totalmente o dentro o totalmente fuera.

Nunca me acostumbraré a que alguien me deje plantada.

Así que le respondí el mensaje de texto, pero no tan rápido, porque perdí el impulso.

Así que pasaron alrededor de 6 meses.

La publicación apareció en mi pantalla (a través de Facebook) *"Ella dijo que sí"*. Vaya.

Quiero decir, para que alguien se comprometa, algo debe haber estado cocinándose durante un tiempo, ¿no crees?

Por lo que sé, pensé que era gay o al menos bi-curioso porque parecía un poco femenino (no es gran cosa, sé que tengo una fuerte energía masculina y suelo parecer gay también), pero en la mayoría de sus publicaciones de Facebook se mostraba cercano a su mejor amigo, pero los besos en la mejilla, o los abrazos grupales (pero siempre pegados al mismo chico) o los viajes de chicos, algo completamente normal, pero bueno, te hace reflexionar.

No mucho después de la publicación, se casó, la esposa estaba embarazada y compraron un labrador.

Después de eso, todos mis percances amorosos sucedieron porque me los presentaron o los conocí personalmente, pero nunca a través de aplicaciones de citas online.

Entonces, a fines de 2022, y estando soltera desde octubre de 2020, le di una oportunidad al amor online nuevamente.

Veamos a qué se debe todo el alboroto.

Una amiga mía, paseando a su perro, me vio deprimida y me dijo:
"*Grazi, si te sientes sola, a veces, salir y conocer gente nueva puede ser bueno para tomar un nuevo aire. Sé que estás ocupada, pero pruébalo, puede que te ayude a distraerte".*
Entonces, después de esa conversación fue cuando decidí probarlo.
La primera vez que lo hago por completo.
Desde una biografía dedicada hasta "Las mejores fotos".
En primer lugar, Tinder es la razón por la que te hace querer estar solo para empezar el cuento...
Si yo fuera un hombre que mira *Tinder*, tendría disfunción eréctil de inmediato.
Bumble siempre es un misterio, es muy difícil conseguir un match, siempre tienes que acercarte a los hombres, no hay problema con eso, pero es muy impersonal, bueno, a menos que pagues y obtengas acceso completo con la insignia dorada.
¿En serio? ¿Pagar para conocer a alguien? Que embole.
¿No se supone que es un acto espontáneo del universo?
Invertí en una biografía y fotos lindas y divertidas.
Mi primera cita fue con un chico de Georgia, el país (no estado de U.S.A.).
Era más bajo que yo. Mido 1,60 m.
De camino al lugar de *smoothies*, amablemente me preguntó qué *smoothie* quería.

Le dije que no se preocupara por eso, pero que, si quería algo, un *smoothie* verde, el que fuera.

Llegué al lugar, ya había terminado la mitad del suyo y no me compró uno. Está bien, pero no lo ofrezcas.

De todos modos, perdí casi 3 horas de mi vida y sabía que nunca lo volvería a ver.

Debería haberme ido antes, pero también tenía que escuchar sus conversaciones.

En la segunda cita, conocí a un chico turco, un chico guapo, más alto que yo, bien formado, con muchas historias divertidas.

Fue un verdadero caballero, pagó la cuenta y se mostró amable.

Nos sentamos en la marina cerca del restaurante para disfrutar de la velada.

De repente tenía su lengua en mi boca, y luego comenzó a morderme los labios y a jalarme el cabello como un actor porno. ¡¿Qué?!

De cero a XXX en un par de segundos.

Brother, me gustas y no me importa besarte, pero quita tu lengua de mis amígdalas, por favor.

Era una persona inteligente, de una buena familia, teníamos una gran química, ¡pero no a esa velocidad, *bro*!

CALMA TUS TETAS GÜEY.

Después del momento lingual, observé cómo hablaba durante 30 minutos consecutivos, no estoy bromeando, 30 minutos reales, tenía un *smartwatch*, y miré que eran las 10:00 p. m., y mientras habla y levanta las manos, veo la

hora nuevamente, son las 10:30 p. m., sin una sola pregunta sobre mí.
Se me acabaron los "ajá", "eso es una locura", "wow", "¿era una escort?", "no jodas".
Bro, tú sigues hablando y yo estoy envejeciendo…
¡Vamos universo! No joda.
Al principio tenía historias divertidas, por ejemplo, cuando pateó a punta de pistola a un criminal que le robó el celular, así que le dio una patada en la mano, tomó el arma y le dio una paliza.
Todos los vecinos lo aplaudieron y las estaciones locales lo llamaron el "Héroe Turco", sucedió en algún lugar de Florida.
Él ama a su madre, algo que para mí es muy importante, porque como decía mi mamá "buen hijo es buen esposo".
Lo peor fue que sus historias comenzaron a tomar un giro inesperado.
Un ejemplo:
"Cuando mis amigos y yo estábamos en Europa del Este, fuimos a un bar y todos eran gays o swingers, y no sabíamos nada y esta chica me besó, era linda, pero se fue demasiado rápido" o este:
"Esa vez estábamos en Dubai, mis amigos y yo estábamos pasando el rato en un hotel de primera categoría, acosados por todas estas hermosas chicas, todas escorts, y bromeábamos con ellas, les preguntamos cuánto sería el descuento, jajaja" ….

Me desanimó. Involuntariamente me convertí en un iceberg.

Grazi con hielo...

¡Próximo!

Salí con alguien al tercer día antes de eliminar tanto *Tinder* como *Bumble* de mi teléfono celular.
"Cerrando con broche de oro", como dicen en italiano, *"Il Gran Finale"*.
Mejor dicho *"IL GRAN FIASCO"*.
Vi sus fotos y me encantó la "vibra divertida", era de complexión fuerte pero no gordo (en las fotos), tenía algunos videos increíbles en 360 grados y me gustó al instante, y al menos teníamos en común lo de hacer películas.
Un tipo cubanoamericano.
Fuimos a una cervecería local.
Era alto, pero pasadísimo de peso.
No era el mismo tipo de las fotos.
Tal vez de un par de años atrás.
Nos divertimos, pero yo era la que hablaba.
Necesitaba buscar una conversación. Él era inseguro.
El chico me besó, pero no me gustó el avance rápido.
No me opuse, pero lo pensé, no estaba completamente convencida.
Hablamos un poco más y nos fuimos los dos.
Él se hizo cargo de la cuenta. Yo pedí la cerveza más pequeña del precio de *happy hour* y él tres.

Parecía que estaba bien para una segunda cita, no he hecho esto desde hace tiempo, así que veremos, a ver como baila Miguelito... Aparentemente, no vi ninguna red *flag*.
Fuimos a un parque, no podíamos llamarlo una cita, solo un encuentro amistoso y ejercicio.
Se me ocurrió un plan para que él hiciera ejercicio, porque soy así de divertida, me gusta entrenar a las personas y hacerlas crecer.
El chico casi muere por el ejercicio.
Estaba un poco asustada.
Bueno, no tenía auto y le pregunté si podía dejarme en una intersección y yo caminaría con el resto hasta casa.
Le tomó un tiempo ofrecer "Puedo llevarte a casa, no hay problema".
Simplemente le di un programa de ejercicios y lo motivé.
Solo al final del recorrido se ofreció nuevamente a llevarme a casa, de todos modos, el parque estaba a 5 minutos de mi casa.
Entonces, fuimos a un restaurante en una siguiente cita.
Todo bien, me recogió y fuimos al restaurante que él eligió.
Yo pedí una ensalada de entrada y una bebida, él pidió *dumplings*, plato principal y otras bebidas.
Cuando llegó la cuenta, me exigió que pagara la mitad.
Me quedé helada.
Estaba en estado de shock, pero me conozco, me siento extremadamente incómoda con respecto a pagar, siempre tengo que pagar.

Esto NUNCA ME PASÓ ANTES.

Sé que salí con algunos psicópatas antes, pero siempre fueron muy generosos, siempre me dieron teléfonos celulares, pulseras de diamantes, laptops o regalos caros.

Pagué la mitad de la cuenta antes, pero nunca pagué por lo que un tipo comió y bebió en una cita.

Mi respuesta fue sarcástica:

"Sí, es justo, me comí uno de tus *dumplings*".

Se comió la mitad de mi ensalada de entrada.

Tenía una sonrisa incómoda y cuadrada.

Un dato breve sobre mí:

Siempre me gusta invitar a gente, soy la amiga que en las noches de chicas le gusta pagar la cuenta y pagar todo (incluida una generosa propina).

Mis amigas y yo normalmente peleamos para pagar la cuenta.

Tal vez YO SOY EL HOMBRE CON EL QUE QUIERO CASARME.

De todos modos, me sentí muy incómoda, quiero decir, no tiene nada de malo pagar la mitad de la cuenta, pero cuando ambos consumen por igual.

Luego, hablé de esta situación incómoda con la misma amiga que me dijo que me uniera a las aplicaciones, ella estaba en shock, y luego me explicó algo importante.

No se trata de la cuestión del "dinero", si un chico quiere ser caballeroso y tiene un interés verdadero en una chica, paga la cuenta.

Un buen chico es el que demuestra que quiere "proveer", es protector, masculino, un verdadero caballero, que demuestra el esfuerzo. Y siempre debe ser honesto si no está dispuesto a ir a un lugar elegante cuando está en escasez.
Yo sé que lo estoy. Ejemplo: *"Oye, ahora estoy en épocas de vacas flacas, ¿podemos tomar un café o un batido, tal vez la próxima vez comamos en algún lado?"* Algo así.
No me gusta perder el tiempo ni el dinero de las personas.

Además, no soy la típica "sugar baby de Miami" que lleva a los chicos a las azoteas más lujosas de Brickell, Miami Beach o cualquier otro lugar. O les pide que paguen mis cuentas, o paguen la renovación de mi cocina, o que llenen mi refrigerador, que me paguen las tetas, etc.
Si no puedo pagar, elijo algo menos "salado" para poder pagar mi mitad.
Supongo que lo que me dijo mi amiga podría ser cierto.
Es mi tiempo, mi interés, mi esfuerzo, y también me gustan las cosas a la antigua, me gusta cuando el tipo llama primero, da el primer paso y paga la cuenta.
Fue cómico ver esos psicópatas en las aplicaciones de citas. Tanta basura.
¡Joder, amigo! ¿Tu madre te creó así?
¡Vi tantas caras conocidas allí! También amigos.
Todos están ocupados, pero al mismo tiempo, también se sienten muy solos.
Todos tienen éxito en las redes sociales, pero tienen que trabajar en un trabajo que odian para poder salir los fines de

semana con un auto alquilado y ropa elegante que devolverán en Macy's o Zara el lunes, "No me quedaba".

Sí... "no te quedaba mis huevos". Ustedes son unos falsos.

Eso sin mencionar la cantidad de material pornográfico solo en las fotos de perfil de estos dementes.

Además, algunos tipos me encontraron en las redes sociales (después de verme en la aplicación) y luego me enviaron mensajes con *dick pics* (fotos de pene) no solicitadas.

¡ESTO TIENE QUE PARAR! ¡Falta de creatividad, gente!
Si un hombre necesita conquistar a las chicas con fotos de penes, juro que no tiene nada en su cerebro que ofrecer.
Es triste y aburrido. ¿Qué pasa por su cabeza?
¿Quieren sexo todo el día? ¿Eso es todo lo que saben?
¿Nada de charlas inteligentes, conversaciones desafiantes, planes de viaje, consejos financieros, ética y valores?
Muéstrame cuánto dinero generan en ingresos pasivos al mes.
No hay nada más atractivo para una chica que una charla inteligente, o un hombre que sea protector, ingenioso, inteligente, seguro, divertido y que la haga sentir que es la única. (Quizás las fotos sexys vengan después, pero no como "*bait*").
¿Sabes qué es atractivo?

Cariño. Si conquistas el lado bueno de una mujer, nunca tendrás que lidiar con la locura.

Porque eso es inevitable con los cambios hormonales, solo no le hagas cosquillas a la bestia.

Y en la aplicación *Bumble* encontré a ese tipo, ese productor de premios Grammy que me lamió el cuello en una reunión en su estudio, leerás sobre eso en el próximo libro, en el capítulo "EL SELLO LATIN GRAMMY".

Antes de tener las aplicaciones y ver cómo operaban los psicópatas, sentía la necesidad de tener a alguien, y ahora me alegro de no tener a nadie.

Si no tuviera suerte con el dinero, tal vez en el amor tendría una oportunidad.

Bueno, cariño, ahora no.

CONCLUSIÓN

Solo cuando dejas de preocuparte, las cosas salen como quieres.
Cuando no buscas algo, es cuando lo encuentras.
Por ejemplo, el día que tenía que presentarme, de repente me quedaba sin voz, o como muchas veces me pasaba, se iba la luz en los lugares donde íbamos a presentarnos, solo minutos antes del espectáculo.
Es típico.
Cada vez que estás cansado, quieres tomar una siesta, cada minuto algo fuerte estalla, un pájaro, luego una motosierra, luego un autobús ruidoso, o alguien gritando, un martillo, un vecino arreglando el techo, si estás en Miami, tu vecino estará escuchando reggaetón, eso es seguro... y así sucesivamente.

Cuando quieres dormir te sientes completamente despierto, y cuando se supone que debes estar completamente despierto, quieres dormir.

Estamos aquí en la tierra, para engañar a la vida y sus increíbles y divertidas formas de jodernos, fortaleciendo nuestra programación mental y para poder manifestar lo que queremos.

Mi vida amorosa, por ejemplo, fue una avalancha de mierda, y aquí estoy, viva y riendo.

Ahora, entendí que tengo que cambiar mi programa mental hasta el núcleo mismo, para poder manifestarlo en cada área de mi vida.

Mi sistema de creencias estaba programado de tal manera que no podía ver una relación con amor, o un matrimonio con una fe increíble en que realmente funcionara, estaba programada de esa manera, por experiencias y por lo que elegí creer.

Ya lo he dicho antes:

Ninguna verdad es absoluta.

Todo es relativo, como dijo Einstein, y cada persona es un mundo y un sistema de creencias diferente.

¡Definitivamente puedo decir que la vida me usó para algunas comedias de amor, eso es seguro!

Hace 3 novios atrás pensé que el siguiente sería mejor.
De hecho, mi último fue el menos malo de todos.
¡PROGRESO, nena!

En lo que pongas tu atención, crecerá... ¿No es así?
Enfócate en lo que quieres, pero con la emoción que ya tienes, no con la sensación de carencia, porque eso es lo que se manifestará.
¿Verdad?

¡No me jodas, Sherlock!

Pero cómo lo haces, cómo lo programas, es la clave del cambio.

ESTAMOS CONSTANTEMENTE SIENDO PROBADOS. ¿NO LO CREES?

El universo es increíblemente asombroso, pero las leyes de la vida son complejas y engañosas.

Y cuanto más tiempo pasa, nos volvemos más duros, más encerrados en nosotros mismos.

Necesitamos mantener nuestros corazones y mentes abiertos como niños, que son increíbles, se sienten capaces de cualquier cosa, son abiertos como una esponja, puedes enseñarles cuatro idiomas o cinco, cuando tengan cinco años, podrán hablarlos todos con fluidez sin bloqueos, sin pensar demasiado, sin juzgar.

Naces libre, terminas siendo esclavo.

Todos somos parte de la "broma cósmica", como dijo Miranda Bailey en "Grey's Anatomy".

Una de las mejores frases que he escuchado.

Ser uno mismo, seguir tus sueños, planificar esas vacaciones, decirles a todos que se jodan y desaparecer, tomarte un descanso de la vida, todo debería ser parte de tu propia desintoxicación.

¿Qué historia ridícula te gustaría compartir conmigo?
Mándame tu e-mail a graziella@grazimusic.com
O sígueme en IG @grazicall

¿Has estado repitiendo un patrón una y otra vez con una y otra pareja? ¡Bienvenido(a) al equipo!

¿Has cambiado de equipo porque estás traumatizada con los hombres? ¿O con las mujeres? ¿O tal vez lo has pensado?

¡Comparte tus experiencias conmigo! ¡Etiquétame en tus historias y las volveré a publicar!

La clave principal para perseguir nuestra paz, abundancia, amor, es dejar ir...
Deséalo, prográmalo en tu mente. Pero déjalo ir.

Buda dijo
"Si tienes una mente pura y haces las cosas con un corazón puro, la felicidad te seguirá como una sombra que nunca se va".

¿Tienes sugerencias, historias, preguntas o experiencias que quieras compartir?

¡Gracias por llegar hasta aquí! ¡Buenas vibras y mucho amor para ti!

¡Estén atentos al próximo libro de mi PAQUETE DE CHISTES CÓSMICOS!

¡El próximo episodio pronto en los cines cerca tuyo!

"HISTORIA DE MI VIDA: UN CHISTE DEL UNIVERSO PARTE III"

Made in the USA
Columbia, SC
23 October 2024